Rotraud A. Perner

Kaktusmenschen

Rotraud A. Perner

Kaktusmenschen

Zum Umgang mit verletzenden Verhaltensweisen

Orac

www.kremayr-scheriau.at

ISBN 978-3-7015-0537-1

Schutzumschlaggestaltung: Kurt Hamtil, Wien
unter Verwendung eines Fotos von fotolia.de/INFINITY
Typografische Gestaltung, Satz: Ekke Wolf, typic.at
Druck und Bindung: GGP Media GmbH, Pößneck

Was zum Munde eingeht,
das verunreinigt den Menschen nicht;
sondern was zum Munde ausgeht,
das verunreinigt den Menschen.
Matthäus 15, 11

Inhaltsverzeichnis

Kaktusmenschen und andere Unholde 11
Exkurs in die Tiefenpsychologie 13
Urcool – oder was? 16
Den richtigen Namen wissen 19

Kleine Horrorbotanik 24
Umgang mit Grenzen 25
Ausstechen oder Abstechen 27
Animalische Wahrnehmung 31
Energieräuber 33
Blutsaugende: Vampire 36
Negaholiker 39
Fleischfressende: Werwölfe 44
Rappelköpfe 47
Ausgebrannte 52
Kletten: Stalker 56
Bosnigl 60
Nikomanen 63
Nesseln: Unberührbare 66
Listige, Lügner und Narzissten 68
Besserwisser 72
Pseudokakteen: SozImps 79
Echte Kaktusmenschen 82

Weshalb immer mehr Menschen Dornen und Stacheln wachsen 88
Stroke-Ökonomie 91
Elternentbehrung 95
Spiegelnervenzellen 100
Bindungsmangel 104
Vorbildlernen 107
Sieben Todsünden 111
Energieausgleich 117

Kaktusbosse und Kaktuskollegenschaft 120
Definitionsmacht 121
Das militärische Erziehungsmodell 123
Der Arschloch-Faktor 128
Menschliche Destruktivität 131
Intrigen 133
Krieg im Büro 135
Burnout 140
Überlebenstechnik 141
Selbstheilungsversuche 143
Machtspiele 144

Einen Kaktus lieben 149
Elternreaktion Kritik 151
Mythologisierungen 154
Wenn Frauen zu sehr lieben 158
Lieben 161
Kontrolle 164
Schuldumkehr 167
Salutogenese 170

Überleben im Kakteenhain 173
Schiefe Beziehungen begradigen 174
Spielen statt kämpfen 178
Salutogenese konkret 182
Verzicht aufs Kriegen 189
Umgang mit Energie 191
Heilkraft Licht und Liebe 194

Literaturangaben 197
Anmerkungen 202

Ich bin mir bewusst, dass die meisten Menschen glauben,
alles zu wissen, was man über Psychologie wissen kann,
denn sie meinen, Psychologie sei nichts anderes,
als was sie von sich selbst wissen.
C. G. Jung[1]

Kaktusmenschen und andere Unholde

Zur Durchsetzung des beherrschenden Einflusses bedient sich der Aggressor gewisser Vorgehensweisen, die die Illusion von Kommunikation bieten – einer eigenartigen Kommunikation, nicht geschaffen, um zu verbinden, sondern fernzuhalten und jeglichen Austausch zu verhindern.

M.-F. Hirigoyen[2]

Sie brüllen herum.
Sie hüllen sich in tagelanges Schweigen.
Sie verspotten ihr Gegenüber, am liebsten vor Publikum: Kaktusmenschen – Menschen, die sich Dornen und Stacheln haben wachsen lassen und sie bevorzugt dort einsetzen, wo eigentlich vertrauensvolle Zusammenarbeit angesagt wäre: im Beruf wie in der Partnerschaft.
Dann sitzen verzweifelte Männer oder Frauen in meiner Praxis auf meiner weißen Ledercouch und fragen, was denn an ihnen oder ihrem Verhalten so arg wäre, dass ihre Vorgesetzten, Partnerpersonen, Vater oder Mutter oder sonst irgendwer sie wie den letzten Dreck behandelten. Dann kommt es immer wieder vor, dass ich sie warne: »Halten Sie bitte Distanz! Vermeiden Sie, dicht heranzutreten – einen Kaktus umarmen Sie ja auch nicht!« Und oft setze ich noch hinzu: »… oder ist es Ihr Ziel, blutig gestochen zu werden?«
So bildete sich mit der Zeit vor meinem geistigen Auge das Bild von diesen »Kaktusmenschen« heraus – Menschen, denen man nicht zu nahe kommen sollte, weil sie stache-

lig sind oder Dornen haben, weil sie sticheln und stechen, anstacheln und aufstacheln, mal nur pieken, dann aber wieder erstechen, oft nur hervorstechen wollen und andere ausstechen und manchmal auch bestechen (im Doppelsinn des Wortes) … denn manchmal präsentieren Kakteen ja wunderschöne Blüten. Da vergisst man leicht die vielen Stacheln …

Es gibt aber auch Kaktusmenschen, die tauchen als Disteln oder Kletten auf. Manche tarnen ihre Dornen unter Rosenblüten, oder ihre Winzigstacheln sind so klein, dass man erst bei näherem Kontakt merkt: Vorsicht, Brennnessel!

Allerdings wirkt jemand manchmal nur wie ein Kaktusmensch, ist in Wirklichkeit aber »nur« erschöpft und ausgebrannt und deshalb aggressiv und nicht mehr fähig oder aber auch willens, eine zivilisierte Kommunikationsform zu pflegen.

Es gibt aber auch sozial inkompetente Menschen, die einfach nicht gelernt haben – und auch nicht nachlernen wollen –, wie man mit den eigenen unangenehmen Gefühlen wie Bedrängnis, Unwissenheit oder Hilflosigkeit anders als mit Grobklotzigkeit umgehen kann.

Und dann gibt es noch Verhaltensweisen, die Symptom einer Charakterneurose oder einer anderen behandlungsbedürftigen seelischen Störung sind, wie das Borderline-Syndrom etwa.

Exkurs in die Tiefenpsychologie

Der Mangel an positiven inneren Figuren ...
unterstreicht die Wichtigkeit der Vereinigungserfahrung
für die Umwandlung der toten, verfolgenden, inneren Welt
in einen Ort liebevoller Unterstützung.
N. Schwartz-Salant[3]

»Kakteen«, lese ich in wikipedia[4], »sind ausdauernde Sträucher, seltener Bäume.«
Ja, ausdauernd sind sie auch, die Kaktusmenschen, konsequent in der Perfektionierung ihres Kommunikationsstils der kleinen oder großen Stiche. »Hauptsprosse und Zweige wachsen meist aufrecht oder aufstrebend, manchmal auch kriechend oder hängend.«
Kaktusmenschen zielen auf Überlegenheit und neigen meist zur Überheblichkeit; bewusst ist ihnen das selten, ganz im Gegenteil meinen sie, sich vor anderen schützen zu müssen, wortlos natürlich, denn partnerschaftliches Gespräch, den Dialog eines Sich-aufeinander-Abstimmens und den bedachten Verzicht auf verbale Gewalt müssten sie erst lernen, und das widerstrebt ihrem Auf-Streben. Kriechen und Hängen hingegen ist ihnen grundsätzlich nicht zuwider – vorausgesetzt, die übergeordnete Autorität ist machtvoll und prächtig genug. Allerdings halten sie solche Unterordnung nicht auf Dauer aus; bei erster Gelegenheit werden sie ihre Stacheln – eigentlich Dornen oder Borsten, Wolle oder Filz – ausfahren und damit ihre Berührungsscheu signalisieren.
Kakteen sind »Sukkulenten« – Pflanzen, die in der Lage sind, erhebliche Wassermengen in den Blättern, im Stamm oder

auch in den Wurzeln zu speichern, um somit lange Trockenperioden überstehen zu können.
Tiefenpsychologisch gedeutet steht Wasser für Gefühle; dementsprechend wären Kaktusmenschen solche, die ihre eigenen Gefühle wie auch die, welche ihnen ihre jeweiligen Kommunikationspartner entgegenbringen, in unterschiedlichen Tiefenlagen ablegen, ohne sie zu »verdauen«, geschweige denn eine Reaktion zurückzugeben. Das heißt nicht, dass es unmöglich wäre, dass irgendwann doch auf diese Gefühlsreserve zurückgegriffen wird – aber dann meist in einer Form, die nicht zur aktuellen Situation passt, daher für die AdressatInnen des Gefühlsausbruchs fürs Erste einmal unverständlich wirkt; darauf wiederum reagiert der Kaktusmensch mit Unverständnis. Er oder sie hält sich ja für sozial kompetent – daher sind es immer die anderen, die Schuld tragen, warum haben sie sich nicht an ihn bzw. sie angepasst …
Sukkulenten sind äußerst anpassungsfähig, betont der Kakteenexperte Holger Dopp. Kaktusmenschen auch – sie passen sich nämlich nicht flexibel an äußere Einflüsse an, sondern sie passen ihre Sukkulenz, d. h. ihre Unbeeinflussbarkeit durch Gefühle, den Anforderungen des eigenen Stabilitätsideals an; damit bleiben sie äußerlich unverändert, so wie sie sind, und scheinbar ohne irgendwelche Beeinträchtigungen. So schreibt auch Holger Dopp: »Sie haben sich im Laufe ihrer Entwicklung den unterschiedlichsten klimatischen Bedingungen angepasst und entsprechend ihrer extremen Standorte ganz bestimmte zusätzliche Schutzmöglichkeiten entwickelt.«[5]
Zur besseren tiefenpsychologischen Verdeutlichung könnten wir den räumlichen Begriff Standort durch den des mentalen Standpunkts ersetzen – dann wird klar, dass solche Kaktusmenschen lieber auf seelische Nahrung oder gar Bereicherung verzichten, wenn dadurch ihr Standpunkt gefährdet wäre,

denn: ihr Standpunkt gibt ihnen Schutz und Sicherheit. Dopp weiß: »So dient ein mitunter starker weißer Reifbelag auf Blättern oder Stamm als ausgezeichneter Verdunstungsschutz, ebenso wie die dichte Bedornung bei Kakteen, die darüber hinaus sehr sinn- und wirkungsvoll vor Tierfraß schützen kann.« Und weiter schreibt er: »Gleichermaßen attraktiv wie wirkungsvoll ist die dichte, weiße Behaarung von einigen Hochgebirgskakteen, die die Pflanzen tagsüber vor allzu starker Erwärmung und vor Verbrennung schützen und in den Nachtstunden vor Unterkühlung oder gar Erfrierungen.«

Bleiben wir beim Versuch, den Begriff »Verdunstung« tiefenpsychologisch zu interpretieren: Unser Unbewusstes »spricht« in Bildern, in Metaphern (Gleichnissen), es liebt Wortspiele und Verballhornungen, auch kennt es keine Zeit, sondern fasst Vergangenheit, Gegenwart und Zukunft zusammen, und: es will immer nur unser Bestes. Sigmund Freud formulierte, der Traum sei der Hüter des Schlafes, und in Träumen kommen unsere unbewussten Seelenanteile zum Vorschein, ebenso wie in Fehlleistungen (Versprechen, Verschreiben, Verlegen etc.) oder Pointen und Witzen und auch in psychosomatischen Symptomen.

»Verdunsten« entspricht dem Schwitzen wie auch dem Weinen oder anderen Flüssigkeits-Abgaben. Wenn wir nun daran denken, wann uns »das Wasser hochkommt«, so steht das in Zusammenhang mit Aufwallung innerer Hitze, einem klassischen Anzeichen von Stresshormonausschüttungen. Wer kennt ihn nicht, den Adrenalinstoß, den wir verspüren, wenn wir negativ beschämt oder aber auch positiv überrascht werden? Auf die Urszenen solcher Spontanreaktionen reduziert, können wir bei entsprechender Selbstreflexion erkennen: Unser Körper macht sich entweder kampf- oder paarungsbereit.

Vor beiden Arten von »Hitze« will sich ein Kaktusmensch

schützen. Er oder sie will (oder muss, wenn es beispielsweise der Beruf verlangt) souverän sein oder zumindest wirken, und das wird vielfach mit Fühllosigkeit gleichgesetzt.

Urcool – oder was?

Er sucht die Ablehnung, weil es ihn beruhigt zu sehen,
dass das Leben für ihn genau so ist,
wie er es immer schon wusste.
M.-F. Hirigoyen[6]

Der Kaktusmensch weiß oder ahnt zumindest, dass er oder sie sich mit Gefühlen schwertut. Weil dies noch immer überwiegend ein Männerproblem ist, will ich im Folgenden primär die männliche Sprachform verwenden – es heißt ja auch »der« Kaktus. Es gibt aber auch »weibliche« Stachelwesen: »die« Distel, »die« Klette, »die« Stechpalme, »die« Rose … Sie alle schützen und wehren sich vor »Berührung« durch ihre Dornen, aber auch durch Behaarung oder Reifbelag.
So erzählte mir Franz, einer meiner liebsten Kollegen – und kein Kakteenfreund! –, dass er einmal durch Zufall entdeckte, dass von einem seiner ungeliebten Fensterbrettbewohner nur mehr die weiße Pelzhülle existierte, die darunter vermutete Pflanze aber längst den Weg alles Sterblichen gegangen war. So kann der Schutzmantel sogar seine ursprüngliche Lebensberechtigung überdauern …
Der Begriff »Berührtwerden« besitzt Doppelsinn – je nachdem ob wir äußerlich, körperlich oder innerlich, seelisch Berührung, »Rührung« spüren. Da sind sie wieder: die Gefühle und Gefühlsbewegungen, die der Kaktusmensch so bemüht

zu vermeiden sucht. Auch das Wort Emotion – vom lateinischen ex, das heißt heraus, und movere, das heißt bewegen – verweist auf die innere Bewegung, die wir, wenn wir ihrer gewahr werden, mittels Namensgebung zu einem Gefühl machen. Vielfach stimmen diese Bezeichnungen aber gar nicht: Mein Musterbeispiel, mit dem ich meinen StudentInnen die Technik des Differenzierens anschaulich zu machen versuche, ist der »Name« Eifersucht.

Ich bitte dann immer, sich ein geistiges Bild zu machen, in dem jemand eifersüchtig ist, und dann Unterscheidungen zu treffen:

1. Zuallererst zu klären, welches Verhalten konkret als Eifersucht bezeichnet wird – etwas, das man sieht, hört, spürt etc. (juristisch gesprochen: welcher Sachverhalt vorliegt), danach
2. dieses Verhalten mit dem Beziehungsumfeld in Verbindung zu bringen (juristisch: welche Motive erkennbar sind), danach
3. die möglichen Auslöser des – noch unbenannten – Verhaltens und die möglichen Reaktionen durchzugehen und voneinander zu unterscheiden (juristisch: zu klären, unter welche Tatbestandsparagrafen dieses Verhalten eingeordnet werden könnte)
4. und sich erst zuletzt auf den richtigen Namen festzulegen.

Wenn man diese Übung macht, findet man schnell heraus, dass viele Informationen fehlen, um überhaupt von Eifersucht sprechen zu können. Dann kommt man oft darauf, dass es sich um gewöhnliche Konkurrenz, vielleicht auch um – faire oder unfaire – Rivalität handelt, oft aber um das Gefühl der Benachteiligung oder des Ausgeschlossenseins. Vielleicht wurde auch fahrlässig oder absichtlich eine Kränkung zuge-

fügt und die bei sich wahrgenommene Gefühlsreaktion stellt eher einen Versuch dar, sich dagegen zu wehren. Auch kommt es häufig vor, dass jemandem Eifersucht unterstellt wird, um ihn oder sie von kritischen Bewertungen abzubringen.
Aber echte Eifersucht – nämlich unberechtigte Anfeindungen wegen vermeintlicher Illoyalität – ist eher selten und meist schon Anzeichen eines beginnenden Verfolgungswahns (wie beispielsweise Alkoholparanoia als Symptom eines fortgeschrittenen Stadiums der Alkoholkrankheit).
Wir symbolisieren die – äußerlich oder innerlich – wahrgenommenen Erscheinungsformen je nach unseren erlernten »Wörterbüchern« und »Wortschätzen«; aber Worte sind nur eine Möglichkeit von Symbolisierung, Zeichen oder Bilder eine andere, Gesten oder auch Personifizierungen wieder andere; der Begriff Zeichen sollte daher nicht nur wie üblich visuell oder akustisch verstanden werden.
Wahrnehmen bedeutet nicht nur, Gefühltes, Gehörtes, Gerochenes, Geschmecktes und Gesehenes gedanklich zuzuordnen und zu benennen. Wahrnehmen bedeutet, sich der Art der Wahrnehmung bewusst zu sein und die vier möglichen Formen – das Gegensatzpaar Denken und Fühlen sowie körperlich Empfinden und intuitiv Erahnen – in Balance zu einer Einheit zu formen.
Im Westen wird das kognitive Denken überbewertet, monierte der Psychiater und Begründer der Analytischen Psychologie, C.G. Jung, während das emotionale Fühlen als notwendige Ergänzung herabgemindert wird. Fühlen gehört aber zur Ganzheit – daher auch zur ganzheitlichen Gesundheit – unverzichtbar dazu. Die Körperempfindung als weitere Wahrnehmungsfunktion hingegen wird anerkannt, ihre Ergänzungsfunktion Intuition wiederum als Fantasie abgetan (außer es lässt sich damit Geld verdienen).

Zu Beginn des 3. Jahrtausends hat sich in der Sprache der Jugendlichen ein Modewort eingebürgert: cool, Steigerungsstufe urcool. Es bedeutet Zustimmung – Bestätigung, dass einem etwas gefällt. Sehr sogar. Wenn nun ein kritischer Geist fragen wollte, wie Kühle mit Anerkennung zusammenpasse, wo doch eher Wärme – das Feuer der Begeisterung – passen würde, so lautete die tiefenpsychologische Antwort: Alles Tarnung! Es soll der lauernde »Geist, der stets verneint« abgelenkt werden, damit er nicht mit seinem zerstörerischen Werk beginnt.
Cool ist es, keine Emotionen zu zeigen, urcool, gar keine zu haben. Das Ideal, das dahintersteckt, ist die Killer- oder Sexmaschine, die menschliche Wärme weder zu benötigen meint und schon gar nicht spendet. Von der weltberühmten amerikanischen Psychotherapeutin Virginia Satir stammt das Bild, jemanden, der auf diese Weise kommuniziert, mit einem »Computer«[7] gleichzusetzen. Der funktioniert auch »cool« – Wärme oder gar Hitze ist ihm abträglich und Wasser auch. Kakteen verfügen über eine ähnliche Funktionsweise.

Den richtigen Namen wissen

Du hast dich vor Ekel vor Deinen eigenen Handlungen geschüttelt, wenn Du sie an anderen gesehen hast.
Ludwig Wittgenstein[8]

»Um einen Kaktus oder eine der anderen Sukkulenten richtig pflegen zu können, ist es unerlässlich, dass man weiß, um welche Pflanze es sich handelt«, mahnt Holger Dopp. »Im Fachhandel erworbene Pflanzen sollten deshalb ein entsprechendes Stecketikett mit Gattungs- und Artnamen tragen.

Aber in jeder Sammlung stehen eine Anzahl Kakteen ohne Etikett – wonach richtet man sich also?« Aber er beruhigt auch: »Je intensiver Sie sich mit den Kakteen beschäftigen, desto klarer wird Ihnen die Nomenklatur. Wer erfolgreich seine mehr oder weniger bedornten Lieblinge pflegen will, dem bleibt nichts anderes übrig, als sich mit den botanischen Bezeichnungen abzugeben, um schließlich die heimatlichen Standortbedingungen feststellen zu können. Nur aufgrund der genauen botanischen Bezeichnung ist es nämlich möglich, die jeweilige Pflanze in der Fachliteratur zu finden. Nach relativ kurzer Zeit wird man sich über die ersten verdienten Erfolge freuen können!«[9]

Im Umgang mit Kaktusmenschen empfiehlt es sich ebenso, genaue »Differentialdiagnosen« zu stellen: Nicht jeder Mensch, der stichelt, sticht oder absticht, verwirklicht damit seinen Charakter, der bekanntlich aus verfestigten Einstellungen und Verhaltensweisen geformt ist.

Manche haben bloß keinen blanken Schimmer, was sie mit ihrer Stacheligkeit an Verletzungen anrichten, und wenn sie doch etwas Derartiges ahnen, scheuen sie sich, ihre Unwissenheit durch Nachfrage in Balance zu bringen – oder bräuchten einfach mehr Zeit zum Nachdenken und vor allem: Nachfühlen. Viele meinen aber, sich diese Zeit nicht zugestehen zu dürfen.

So schrieb mir einmal ein Mann, der mir sehr viel bedeutet: »Leider bin ich nach wie vor ratlos, wie ich mit dir kommunizieren könnte, dass es nicht andauernd Missverständnisse und Kränkungen gibt.« Aus. Zwar immerhin ein Anfang – eine Standortbestimmung – aber keinerlei Bewegung auf die andere Person zu. Mein – ebenso schriftliches – Angebot »So frag mich doch!« blieb unbeantwortet. Ob aus Zeitdruck, Vorbildmangel, Unwilligkeit zu weiterer Selbstreflexion oder schlichter Beziehungsunfähigkeit bleibe dahingestellt: Wollte man in solch einem Fall salutogen – für beide Seiten Gesundheit fördernd – kommunizieren, müsste zuerst einmal

1. vereinbart werden, dass man die Kommunikation verbessern will,
2. müssten die einseitigen Fantasien als solche enttarnt werden, nämlich die Fantasien, es gäbe Missverständnisse und Kränkungen (die gab es nämlich aus meiner Sicht überhaupt nicht) und
3. losgelassen werden. Um loszulassen muss aber zumindest ein Entsorgungskanal geöffnet werden, und das bedeutet nicht nur, dass etwas hinaus, sondern auch, dass etwas hineinkommen kann – etwas, das »gegen den Strom schwimmt«. Wer aber gegen den Strom schwimmt, kommt zur Quelle. Wir sind wieder beim Wasser gelandet. Bei den Gefühlen.
4. »Wer etwas loslässt, hat die Hände frei für etwas Neues«, besagt ein chinesisches Sprichwort. Aber will man etwas Neues, Unbekanntes? Zieht man nicht oft lieber bekanntes Unangenehmes dem unbekannten, daher nur möglicherweise Angenehmen vor?

Ich entschied mich damals, keinen Schritt weiter zu gehen. Ich wäre mir sonst gewalttätig vorgekommen. Das war meine Fantasie. Auch eine Fantasie über mögliche Verletzung – eigene wie fremde; wie wir PsychoanalytikerInnen allerdings aus Ausbildung und Erfahrung nur zu genau wissen, steckt in solch einer »Abwehr« immer auch ein geheimer Verletzungswunsch, und sei er noch so klein. Und ebenso umgekehrt eine Hoffnung auf psychische Erste Hilfe, Rettung, Erlösung.
Von Arthur Schopenhauer stammt das Gleichnis von den Stachelschweinen; im Jusstudium bekommt man es meist be-

reits in der Antrittsvorlesung zur Einführung in das juristische Denken präsentiert – dort allerdings mit einem anderen »Schluss«: Nicht über die Methode »trial and error« – man versucht so lange, bis man herausgefunden hat, wie etwas funktioniert –, sondern über verbal ausgehandelte Verträge soll die für alle Beteiligten befriedigende Lösung erarbeitet werden, denn, wie ich gerne formuliere: »Sich vertragen bedeutet Verträge schließen.«

Schopenhauer bevorzugt eine einseitige Problemlösung ohne Mitbestimmungsrechte; mir drängt sich die Vermutung auf, dass er ein Kaktusmensch war – und das Studium seiner Biografie scheint dies auch zu bestätigen. Bei ihm heißt es (Originalschreibweise):

»Eine Gesellschaft Stachelschweine drängte sich, an einem kalten Wintertage, recht nah zusammen, um, durch die gegenseitige Wärme, sich vor dem Erfrieren zu schützen. Jedoch bald empfanden sie die gegenseitigen Stacheln; welches sie dann wieder von einander entfernte. Wann nun das Bedürfniß der Erwärmung sie wieder näher zusammen brachte, wiederholte sich jenes zweite Übel; so daß sie zwischen beiden Leiden hin- und hergeworfen wurden, bis sie eine mäßige Entfernung von einander herausgefunden hatten, in der sie es am besten aushalten konnten. So treibt das Bedürfniß der Gesellschaft, aus der Leere und Monotonie des eigenen Inneren entsprungen, die Menschen zu einander; aber ihre vielen widerwärtigen Eigenschaften und unerträglichen Fehler stoßen sie wieder von einander ab. Die mittlere Entfernung, die sie endlich herausfinden, und bei welcher ein Beisammensein bestehen kann, ist die Höflichkeit und feine Sitte. Dem, der sich nicht in dieser Entfernung hält, ruft man in England zu: keep your distance! *– Vermöge derselben wird zwar das Bedürfniß gegenseitiger Erwärmung nur unvollkommen befriedigt, dafür aber der Stich der Stacheln*

nicht empfunden. – Wer jedoch viel eigene, innere Wärme hat bleibt lieber aus der Gesellschaft weg, um keine Beschwerde zu geben, noch zu empfangen.«[10]

Der Hinweis auf die »eigene innere Wärme« stellt sich aus psychoanalytischer Sicht als Schutzbehauptung des »Ich brauche keine anderen – ich bin mir selbst genug« dar – analog zu dem Satz des Füchsleins in der Fabel, das suggeriert, die Trauben, die es erfolglos zu erreichen versucht hatte, wären ihm zu sauer. Oder sollte innere »Hitze« – sexuelle wie aggressive – zur Wärme verharmlost worden sein? Frustration macht viele unbeherrschte Menschen aggressiv[11] (wie viele Kapitalverbrechen beweisen); sie haben – noch – nicht gelernt, wie man innere Spannungszustände in Balance bringt und lassen daher ihren Energieüberschuss (der eigentlich der verantwortlichen Problembehebung dienen sollte) an Schwächeren aus.

Der Überbegriff – der »Gattungsname« – zu all den Unterschieden im dornenreichen Umgang miteinander lautet »Nähe-Distanz-Problematik«.

Im folgenden Kapitel soll ein Versuch unternommen werden, »Artnamen« für die Verhaltensweisen zu finden, die vielfach voreilig auf einen Kaktusmenschen schließen ließen. Aber nicht alles, was aus der Ferne wie ein Kaktus aussieht, ist in der Nähe besehen auch tatsächlich einer.

Kleine Horrorbotanik

»Was für einen Zweck haben die Dornen?«
Der kleine Prinz verzichtete niemals auf eine Frage,
wenn er sie einmal gestellt hatte. Ich war völlig mit meinem Bolzen
beschäftigt und antwortete aufs Geratewohl:
»Die Dornen, die haben gar keinen Zweck,
die Blumen lassen sie aus reiner Bosheit wachsen!«
»Oh!«
Er schwieg. Aber dann warf er mir mit einer Art Verärgerung zu:
»Das glaube ich dir nicht! Die Blumen sind schwach. Sie sind arglos.
Sie schützen sich, wie sie können.
Sie bilden sich ein, dass sie mit Hilfe der Dornen gefährlich wären …«
Antoine de Saint-Exupéry[12]

Nicht alle, die so etwas wie Stacheln ausfahren, sind echte Kaktusmenschen. Manche wissen sich nur nicht anders abzugrenzen als durch die Imitation eines solchen. Sie haben einfach bisher kein anderes Modell kennen gelernt.
Wir lernen alle an Vorbildern, die wir meist unbewusst nachahmen, und wenn wir mit zunehmender Häufigkeit dieses Verhaltens Erfolg haben, sehen wir keine Notwendigkeit, es zu ändern. Schon im Talmud heißt es, »Wer eine Sünde zweimal begangen hat, der hält sie für keine Sünde mehr.«[13] Das erklärt, weshalb sich viele Erwachsene oft benehmen wie Kleinkinder: Sie schmollen oder trotzen, schlagen verbal und oft auch physisch um sich und schieben den Schwarzen Peter für ihr stacheliges Verhalten anderen zu. Damit bleiben sie in einer Art magischem Denken verhaftet, indem sie wähnen, andere hätten tatsächlich die Macht, ihre Befindlichkeit zu bestimmen.

Umgang mit Grenzen

Die Grenze (border) gibt es in den Mythen vieler Kulturen. Sie ist jener Bereich der Psyche, wo die Orientierung des Ichs zu versagen beginnt und sich mächtige Kräfte konstellieren, über die man mitunter wenig Kontrolle hat.

N. Schwartz-Salant[14]

Grenzen dienen der Sicherheit; sie schützen vor unerwünschtem Eindringen. Unser aller erste Grenze ist unsere Haut – und wie wenig sie schützt, erfahren wir bereits beim ersten Impf-Pieks. Unsere zweite Grenze bauen wir selbst auf: Lange bevor wir mit Materialien experimentieren, nützen wir unsere Atmung, zuerst mit Schreien, dann mit Pfauchen und zuletzt hoffentlich mit wohlgesetzter Sprache.

Ein Wort kann, nach einer Feststellung des amerikanischen Linguisten Edwin Sapir, nicht nur ein Schlüssel sein, sondern auch ein Gefängnis.[15] Worte können heilen, mehr aber verletzen. Mit Worten kann man Gewaltverzicht ausdrücken oder Gewalt ausüben.

Die Wurzel der Gewalt sehe ich im Vergleich.

Man vergleicht sich mit anderen und erkennt, dass jemand »mehr« besitzt: Nahrung, Wohltaten, Können, Gegenstände, Ansehen, Macht, Zuwendung … Ich habe diese Begriffe in der Reihenfolge aufgezählt, in der ich die »Sieben Todsünden« zu ordnen pflege: Gier, Trägheit, Zorn, Geiz, Hochmut, Unkeuschheit, Neid. In dieser Reihung entsprechen sie nämlich den Herausforderungen in den Phasen der psychosexuellen Entwicklung in der Kindheit und stellen gleichzeitig ein Psychopathologie-Lehrbuch der sieben großen psychischen Störungen bzw. Erkrankungen dar: Sucht und Depression können der oralen Phase zugeordnet werden, Borderline- und Zwangsstörungen der analen Phase, narzisstische Störungen und Missbrauch der phallischen und krankhafte Eifersucht der ödipalen Phase. Dies wird im Kapitel »Weshalb immer mehr Menschen Dornen und Stachenl wachsen« genauer erläutert.

Erkenntnisbereit auf den eigenen Entwicklungsweg und die auftauchenden Lernaufgaben zu achten und nicht scheelen Auges auf die Lebenswege anderer Menschen zu schauen, erfordert Ich-Stärke und auch Mut zur Selbstbehauptung – denn viel zu oft versuchen falsche Rat- und Befehlsgeber einen davon abzulenken, und sei es auch nur, um sich als Besserwisser zu inszenieren. Immer wieder hören Kinder, sie mögen sich ein Beispiel an Geschwistern oder SchulkollegInnen nehmen, oder sie werden mit der diabolischen[16] Frage konfrontiert, wen sie denn lieber hätten, den Papa oder die Mama.

So lernen Menschen schon von klein auf, sich mit anderen zu vergleichen und neidisch zu sein, statt einen Vergleich zwischen den eigenen heutigen und gestrigen Fähigkeiten zu ziehen und sich darüber zu freuen, dass man etwas dazugelernt hat. Damit wird es aber auch schwierig, die Notwendigkeit des Teilens zu akzeptieren; teilen zu sollen oder zu müssen, weil ein Dritter aufgetaucht ist, der Raum und Zeit beansprucht, kennen alle, die jüngere Geschwister haben. Vielfach ist dieser Dritte aber bereits der Vater – oder einer seiner Nachfolger – und aus dieser, vielfach auch umgekehrten, Konkurrenz um die immer und alles spenden sollende Mutter entstehen wesentliche Verhaltens- und Charaktereigenschaften wie rücksichtlose Eigensucht oder vorauseilender Verzicht, Rivalität oder Kooperationsbereitschaft.

Das Wort Rivalität leitet sich vom Lateinischen riva, der Fluss, ab und erinnert an den Kampf um Zugang zu Wasser – so wie die deutsche Redewendung, jemand »das Wasser abgraben«. Eroberungskriege wurden immer um Raum und die darin befindlichen Bodenschätze geführt, auch wenn sie als Beistand für angegriffene Freunde oder Verteidigung von Menschenrechten getarnt wurden. Bei Rachefeldzügen ging es vordergründig um die Wiederherstellung verletzter Ehre – der Gewinn von Raum war dabei die Wiedergutmachungsprämie. Die Propagierung der modernen anderen – mediatorischen, daher verbalen – Formen der Konfliktaustragung und Konfliktlösung zwischen Staaten entspringen der Angst vor dem Atomkrieg. Im Privat- und Berufsbereich haben sie sich noch kaum durchgesetzt. Offenbar ist die Angst, vernichtet zu werden, trotz der täglichen Berichterstattung über zunehmende häusliche Gewalt wie auch über so genannte Workplace Violence in den Medien noch nicht groß genug, um ein Umdenken hervorzurufen.

Ausstechen und Abstechen

Die dämonische Macht der Konkurrenz wirkt so,
dass sie das Ego derart isoliert, dass es sich nur
über den Kampf mit einem anderen Ego definieren kann.
Auf diese Weise geht alle Hoffnung verloren,
an etwas Tieferem als dem Ego teilzuhaben
– sei es nun Freude oder Leid.
M. Fox[17]

Was in der Medienberichterstattung üblicherweise immer fehlt, ist die »Geschichte« einer Gewalttat. Manchmal heißt es, er oder sie »stellte ihn zur Rede« – den späteren Täter. Mit welchen Worten, wird nicht beachtet. Aber gerade die sind es, die erklären können, weshalb jemand ausrastet. Gerade wenn im Kampf der Worte die Argumente ausgehen, lassen die Wortärmeren die Fäuste sprechen. Oft befinden sich noch Messer drinnen …

Zwischen dem Ausstechen anderer im Konkurrenzkampf um Respekt bis zum Abstechen aus Wut, Hass und Verzweiflung liegen oft nur wenige Worte. Man kann jeden Menschen zum Mörder werden lassen – man muss ihn oder sie nur lange genug demütigen.

Demütigen: das bedeutet runtermachen, klein machen, Respekt verweigern, die Selbstachtung zerstören, den Lebensmut nehmen. Vernichten. Zu »Nichts« machen. Dann ist die Person weg und der ganze Raum gehört einem allein. Man kann sich ungestört wähnen – zumindest wenn man kein waches Gewissen hat.

Psychisch geschieht dies, indem man jemanden ignoriert, ihm oder ihr ohne Erklärung die Kommunikation verweigert, böse Namen gibt oder auf andere Weise Lebenskraft stiehlt. Diese Verhaltensweisen finden sich auch vielfach in Mobbingprozessen, denn in diesen geht es ja auch darum, unliebsamen Personen den Arbeits- und Lebensraum zu nehmen. Steigerungsstufen im Mobbingversuch sind dann Spott oder sogar Delikte wie üble Nachrede oder Verleumdungen, andererseits aber auch konkrete Benachteiligungen. Leider lassen sich viele an und für sich korrekte Menschen von der feindseligen Mobbing-Energie anstecken, und oft schaffen es die Initialmobber sogar, sich selbst als Opfer hinzustellen.

So hatte ich die Gelegenheit, einen Fall von Cybermobbing unter SchülerInnen zu begleiten, bei dem eine Lehrkraft einer für ihren Geschmack wohl zu selbstsicheren Schülerin mit einem einzigen »Nicht Genügend« den Aufstieg in die nächste Klasse verweigern wollte, obwohl das Mädchen sonst nur gute Noten hatte. Als sich deren Mutter gegen die Ungerechtigkeit zur Wehr setzte, inszenierte sich die Lehrkraft vor versammelter Klasse weinend (!) als zu Unrecht Kritisierte und forderte ihre Schülerschaft auf, zu ihr zu halten – zwei Wochen vor Schulschluss. Die Folge waren Gewaltdrohungen gegen die Schülerin – sie brauche gar nicht mehr in die Schule kommen, da würde sie was erleben. Zwar blieb diese daraufhin verängstigt daheim, beeinspruchte aber das »Nicht Genügend«. Es wurde von der Bezirksschulinspektorin bestätigt – ohne dass sie mit der Betroffenen gesprochen und deren Kenntnisse im betreffenden Fach überprüft hätte, rein »auf Grund der Aktenlage«. Die Oberinstanz, das Unterrichtsministerium, hob dann die Negativnote auf – auch nur »auf Grund der Aktenlage«, nämlich der Schularbeiten. Die sprachen nämlich eindeutig für das Mädchen.

In diesem Fall war es nötig und dank der schriftlichen Beweismittel letztendlich auch möglich, einer »abstechwütigen« Lehrkraft Grenzen aufzuzeigen. Denn: gegen Gewalt hilft nur Öffentlichkeit.

Energieraub kann aber auch auf eine »süße« Art geschehen, etwa bei sexueller Ausbeutung. »Der hat sich von seinen Zöglingen ernährt«, heißt es bei Hubert Arnim-Ellissen. »Von dieser Abhängigkeit, in die er sie gebracht hat, hat er sich ernährt. Dort war seine Quelle! Dort hat er die Kraft für sich selber herausgeholt!«[18]

Seelenmord – eine Wortschöpfung von Daniel Paul Schreber (1842–1911), einer der unglücklichen Söhne des im 19. Jh. führenden Kinderarztes Daniel Gottlob Schreber, dessen spätere schwere psychische Erkrankung auf die Erziehungsmethoden seines Vaters zurückgeführt werden können[19], und die von Leonard Shengold als Begriff, der auch moralischen Protest

einfordert, übernommen wurde[20] – ist auch Mord, und ebenso ist es auch Mord, jemand sozial zu ermorden.
Die Schweizer Jungianische Psychoanalytikerin Ursula Wirtz schreibt dazu: »Seelenmord hat mit Unmenschlichkeit zu tun, mit der Vernichtung dessen, was einen Menschen ausmacht, mit einem Angriff auf die menschliche Würde und Identität. Aus diesem Grund finden wir die Bezeichnung Seelenmord besonders im Kontext jener Verbrechen, die wir als Holocaust kennen. … Seelenmord hat immer mit Macht zu tun, mit dem Wunsch nach Vernichtung und Zerstörung der Persönlichkeit.«[21] Dieser Wunsch muss nicht bewusst sein – er kann im Unbewussten schlummern. Aber er erwacht erfahrungsgemäß, wenn man sich sozialer Unterstützung sicher sein kann – egal ob bei einer Anpöbelei in der U-Bahn, einer Verspottung im »trauten« Familienkreis, einer Herabwürdigung am Arbeitsplatz oder in einem Foltergefängnis oder Vernichtungslager. Es geht immer um die Vergrößerung des eigenen Machtbereichs auf Kosten anderer, und je unterlegener man sich fühlt – grundsätzlich oder auch nur im Rahmen einer Hierarchie – desto mehr wächst die Gefahr der Überkompensierung.
Deswegen muss man dem ersten erkennbaren Impuls Grenzen setzen, und dazu braucht man erst Modelle.
Jede Grenzsetzung ist auch ein Beziehungsangebot. »Selbstgesetzte Grenzen sind ein kostbarer Schutz. Sie zu erkennen und zu respektieren setzt Selbstachtung und Training voraus«, mahnt die Schweizer Pädagogikprofessorin Margrit Erni.[22] Die Frage, die sich dabei aber erhebt, lautet: Wie sehen menschenwürdige Weisen aus, Grenzen zu verdeutlichen?

Animalische Wahrnehmung

Das englische Wort für Tier (animal) kommt vom lateinischen animale, was soviel wie »beseelt« bedeutet und sich von anima, Seele, ableitet.

M. Fox[23]

Säugetiere verteidigen ihre Reviergrenzen mit Einsatz ihrer Körperwaffen: Sie markieren mit Urin, sträuben ihre Haare, knurren und fletschen die Zähne, ducken sich zum Angriff – und wer bis dahin nicht erkannt hat, dass es ernst wird, muss damit rechnen, dass er weggebissen wird. Wer Hunde besitzt, weiß, dass bei Aufeinandertreffen in Sekundenschnelle der Dominanzkonflikt entschieden und damit klar ist, wer Topdog und wer Underdog ist.

Auch wenn Menschen mit ihrem ausgereiften Großhirn über Sprache und Selbstreflexion verfügen (sollten), benehmen sie sich oft tierisch: Sie pinkeln einander an, nur eben mit Worten. Manchmal soll damit nur ein Respektabstand hergestellt werden, vor allem wenn ein Energiesauger nervt – so wie Famulus Wagner in Goethes »Faust«: »Zwar weiß ich viel, doch will ich alles wissen ...«, und Faust schon bei dessen Klopfen an der Tür indigniert seufzt, »O Tod! Ich kenn's – das ist mein Famulus! Es wird mein schönstes Glück zunichte! Dass diese Fülle der Gesichte der trockne Schleicher stören muss!«, um kurz darauf zu poltern: »Wenn ihr's nicht fühlt, ihr werdet's nicht erjagen ...«

Vielen verbietet frühkindlich erfahrene Höflichkeitsdressur, die Wahrheit zu sagen, nämlich »Ich möchte nicht gestört werden!«. Präzision: »jetzt« oder gar »von Ihnen«. Höflichkeit umfasst die Summe der Unterwerfungsrituale bei Hof, die vor allem der körperlichen Sicherheit der Herrschenden dienen sollten – beispielsweise Handgeben oder Handzeigen als Kontrollmöglichkeit für Waffenlosigkeit. Heute sollte eigentlich Freundlichkeit als Kontaktaufnahme genügen – ein Lächeln, ein Wort, selbstgestaltet nach Befindlichkeit und nicht ritualisiert nach den Forderungen anderer. Die enttarnen nämlich die dahinter liegenden Machtansprüche.

»Die Wahrheit ist den Menschen zumutbar«, formulierte Ingeborg Bachmann[24], aber das ist wohl ein Anspruch, der nur selten erfüllt wird. So erlebe ich häufig, dass meine knapp formulierten Informationen, sei es per Telefon oder Mail, von manchen AdressatInnen als unfreundlich abgewehrt werden, weil diese, wie sich dann meist im Nachhinein herausstellt, unrealistischerweise die Form von mütterlich-sanfter Zuwendung erwartet haben, die zum nachdenklichen Redestil in meinen Vorträgen gehört, nicht aber meiner professionellen Effizienz am Büroschreibtisch. Manche schreiben dann sogar Beschwerdebriefe an das Unternehmen, an welches ich meine Firmenkommunikation ausgelagert habe, weil sie meinen, diese von mir bezahlte Hilfseinrichtung wäre mir übergeordnet, vermutlich, um sich an mir zu rächen – und bestätigen so ungewollt ihren tyrannengleichen Unterwerfungsanspruch. So wollen sie wenigstens indirekt Zuwendungsenergie erschleichen – tatsächlich liefern sie mir aber repräsentative Beispiele für meine Kommunikations-Workshops, speisen also unabsichtlich meine Arbeit mit Energie.

Faust spürt schon vorab, wer und was mit dem Eindringen seines Gehilfen kommen wird: ein Versuch, sich sein Charisma anzueignen. Er kennt ihn ja schon. Wagner gesteht ja auch: »Verzeiht! Ich hört euch deklamieren; Ihr last gewiss ein griechisch Trauerspiel? In dieser Kunst möchte ich was profitieren; Denn heutzutage wirkt das viel …«[25] Faust verteidigt sein Gedankenrevier. Famulus Wagner ist allerdings offensichtlich frustrationserprobt. Er braucht keine Machtspiele, um mit Enttäuschung umzugehen. Er kann Zurückweisungen hinnehmen, sich in seiner Begehrlichkeit bewusst akzeptieren, ohne sich schuldig zu fühlen, muss daher sein Selbstwertgefühl nicht künstlich auffüllen und kann sich daher ohne Protest von dannen trollen.

Energieräuber

Ein schwarzes Loch ist eine gigantische Masse im Weltraum, die so dicht ist, dass ihre Schwerkraft alle Teilchen und Energien aufsaugt, die in ihr Energiefeld gelangen. … Wie das Energiefeld des Universums weist auch das unsere schwarze Löcher auf.

J. Reeder[26]

Wenn sich Kletten an unser Gewand geklebt haben, wissen wir, dass es schon einiges an Mühe kosten wird, sie abzupflücken. Sie besitzen winzige Hüllblättchen, die wie Stacheln sind, mit denen sie sich an Kleidern oder dem Fell von Tieren verhaken, um von den unfreiwilligen Transporteuren zur Verbreitung der Pflanze genutzt zu werden.[27] In ähnlicher Weise hängen sich menschliche Kletten an, um an der Welt ihrer »Gastwirte« zu partizipieren. Solange man diese Anhängsel nicht bemerkt, sie einen also auch nicht beeinträchtigen, was meist der Fall ist, wenn sie sich »im Hintern« befinden, wird man wenig Probleme mit ihnen haben; die entstehen erst, wenn man sie loswerden will. Dann zeigt sich oft, dass ihre feinen Widerhäkchen ganz schön unter die Haut gehen können.

So erzählt mir Gerhild, eine sensible Studienleiterin Mitte Vierzig, von einer Freundin, die sie stundenlang am Telefon mit ihren trivialen Alltagserlebnissen belästigt und ebenso erwartet, dass Gerhild immer bereitsteht, wenn sie Lust auf Kinobesuche oder Shoppingtouren hat. Dass Gerhild neben dem anstrengenden Unterricht bei Jugendlichen auch noch Theater spielt, daher eigenen Verpflichtungen den Vorrang geben muss, akzeptiert Gerhild nicht: Eine »wahre« Freundin muss immer für die andere da sein. Versucht sich Gerhild abzugrenzen, weiß die so genannte »beste Freundin« genau, wie sie ihr Vorwürfe und damit Schuldgefühle machen kann. In den Märchen kommt dieses Motiv dann vor, wenn die eine ausbeuterische Schwester von der anderen gutmütig-willfährigen »Bedienung« einfordert.
Jesse Reeder, Mikrobiologin und Vorstandsvorsitzende eines der größten Stromversorgungsunternehmen der USA, schreibt: »Sollten Sie sich Ihrer schwarzen Löcher nicht bewusst sein, dann denken Sie an eine Situation, in der Sie versucht haben, einer rechthaberischen Person einen Irrtum in irgendeiner Angelegenheit nachzuweisen. Die Person echauffierte sich vermutlich in dem Versuch, Sie von ihrer Position zu überzeugen. Schwarze Löcher funktionieren genauso. Der Rechthaber wendet seine ganze Energie auf, um das schwarze Loch, in dem er die Überzeugung verbirgt, nicht gut genug oder akzeptabel zu sein, verschlossen zu halten. Er erklärt hartnäckig, dass er Recht hat, nur um seine Ängste zu verstecken, und versucht sich durch seine Rechthaberei von seinem eigenen Wert zu überzeugen. Da er ›beschuldigt‹ wird, im Unrecht zu sein, bauscht er seine Reaktion zu noch größerem Geschrei auf.«[28] Reeder meint, »Menschen, die sich emotional begrenzen, leiden für gewöhnlich unter Ausbrüchen, bei denen sich etwa unterdrückte Angst oder Trauer

als Depressionsschub oder Wutanfall äußern können. Sobald der Ausbruch vorüber ist, kehren sie zu ihrem limitierten Gefühlsspektrum zurück.«[29] Ich sehe das auf Grund meiner psychotherapeutischen Erfahrung anders: Ich orte einerseits den Ursprung der emotionalen Begrenzung in Verboten aus der Ursprungsfamilie, verstärkt auch als Berufsdeformation in Autoritätsberufen, bei Männern darüber hinaus in der noch immer propagierten militärisch orientierten Sozialisation, andererseits in der Angst vor der Erkenntnis, emotional unterversorgt (worden) zu sein.

Jede Form von Depression kann auch als Energiemangel unterschiedlicher Quantität definiert werden; eigeninduzierte emotionale Begrenzung ist dann ein Versuch, über babyhafte Hilflosigkeit energetische Versorgung zu erhalten. Babys haben nur die Möglichkeit, mittels Zappeln und Greinen ihre Bedürftigkeit zu signalisieren; Erwachsene hingegen sollten sich einer sachlichen Sprache bedienen und nicht »von oben herab« einschüchtern oder »von unten hinauf« jammern. Vor allem aber sollten sie sich davor hüten, mittels der Methode »Mehr vom Selben« Energie abzupressen zu versuchen. Sie lernen sonst keine besseren Kommunikationstechniken als die alten, die sie meist von einem Elternteil übernommen haben. Mehr dazu im Kapitel »Überleben im Kakteenhain«.

Blutsaugende: Vampire

Im Umkreis eines Machtvampirs müssen alle, deren Aura geschwächt ist, darauf gefasst sein, dass die Angriffswelle des Räubers in ihrer Psyche wahre Verwüstungen anrichtet: von plötzlichen Schuldgefühlen über Angstattacken bis hin zu überwältigender Empfindung eigener Unterlegenheit, ja Wertlosigkeit ...

D. Harbour[30]

Nicht nur in Märchen, sondern auch in der Mythologie vor allem slawischer Länder tauchen Symbolgestalten für Energieraub auf. »Vampiren fehlt etwas. Sie haben nicht die Ruhe der Toten und nicht den Elan der Lebenden«, beginnt Volker Elis Pilgrim seine »Forschungsnovelle« über Vampirmänner, die sich an der Energie anderer, bevorzugt ihrer Ehefrauen, sättigen.[31] Einen Vortod nennt der Psychologe den Schwund der Lebenskraft, »phänomenal in der Erfindung des Vampirs getroffen: tot und noch lebend, im Grab liegend und nachts herumirrend, scheinbar übergewaltvoll, aber kraftlos, von Menschen gefürchtet und doch ohnmächtig. Die Tat des Bluteinsaugens nutzt ihm nichts, weil es nur ein Durchsaugen ist, das andere tötet und den Vampir nicht auf Dauer verlebendigt.«[32]

Ich sehe im Symbolbild des Vampirs eine Metapher für den Energiemangel, der Depressionen begleitet, und denke dabei vor allem an das Energiezapfen von Anverwandten, die eine so genannte Altersdepression aufweisen. Das Phänomen ist aber auch bei Jungen, Frauen wie Männern, zu beobachten: Wie der Vampir legen sie ihre Annäherung als verführerische

Liebesbeziehung an, und wie der Vampir küssen sie nicht – spenden also nicht ihre eigene Zuwendungsenergie, sondern beißen, vor allem dann, wenn man sich ihnen zu entziehen sucht. Findet man allerdings keine Abwehrmethode, wird man selbst zum Vampir …

»Wann kommst du denn wieder?«, flehen sie meist in jammerndem Ton, und wenn es greise Mütter sind, bieten sie Selbstgekochtes und -gebackenes oder Geld bzw. Erbaussichten als Köder. Wenn dann ihr voll in Beruf und Familienpflichten stehender Nachwuchs mit Hinweis auf Zeitmangel abwehrt, folgt üblicherweise sofort ein schnippischer Hinweis auf die eigene Aufopferung: »Na, das kannst du schon für mich tun – immerhin habe ich für dich …«

»Terrorismus des Leidens« – eine Wortschöpfung des ungarischen Psychoanalytikers und Freud-Schülers Sándor Ferenczi (1873–1933)[33] – wird diese Erpressung in der Psychoanalyse genannt, und sie stellt eine Form von emotionalem Missbrauch dar. Matthias Hirsch präzisiert, dass Kinder damit für Missbefinden, chronische Krankheiten etwa, eines Elternteils verantwortlich gemacht und ihnen damit die Schuld für ihre Entstehung und Aufrechterhaltung gegeben wird. Er schreibt: »Damit wird eine enge Bindung hergestellt, die das Kind zwingt, beim kranken Elternteil zu bleiben und für ihn zu sorgen, und der Erwachsene hat die Möglichkeit, Aggression und Schmerz, die aus seinem Schicksal, insbesondere seiner Krankheit, herrühren, beim Kind abzuladen.«[34]

Ich ergänze: oder aus seiner Einsamkeit. Oft wird sogar vorsorglich »terrorisiert«. So erinnere ich mich an einen Mann, der tief verletzt in meiner Rundfunksendung anrief, weil der Vater seiner Braut dieser nicht gestattete, aus dem Elternhaus auszuziehen. Die Frau war gegen fünfzig Jahre alt. Sie konnte sich dieser »Anhänglichkeit« nicht erwehren. Als der Ehemann in spe mit dem künftigen Schwiegervater Alternativen besprechen wollte, wurde er niedergejammert: »Wer versorgt mich denn dann, wenn ich einmal allein bin?« Zu der geplanten Heirat kam es nicht …

Aus ähnlichem Anlass wandte sich einmal eine Tochter, ebenfalls im mittleren Alter, aus einem kleinen Ort an der slowakischen Grenze an mich: Sie wohnte vis-à-vis von ihrem Elternhaus und lieferte, obwohl berufstätig, täglich Essen bei ihrem verwitweten Vater ab, der ohnedies eine Lebensgefährtin hatte; diese war aber auch noch mit eigenen Pflichten mehrfach engagiert. Als sie sich wegen einer Reparatur an ihrem Auto den Wagen des Vaters ausleihen wollte, lehnte dieser brüsk ab: »Warum soll ich etwas für dich tun? Du tust ja auch nichts für mich!« Die Tochter war zutiefst verletzt ob dieses Stichs in ihr Herz, konnte und wollte sich aber seinem »Sog« nicht entziehen – und das, obwohl sie seit Jahren an Multipler Sklerose litt, bekanntlich eine autoaggressive Krankheit. »Was würden denn sonst die Nachbarn sagen?«, klagte sie. Ich empfahl ihr, bei der Wahrheit zu bleiben – ihre Krankheit nicht zu verstecken und zu verleugnen, sondern als »Helferin« zu betrachten, die ihr deutlich mache, dass es Zeit wäre, an sich selbst zu denken, anstatt um eine Anerkennung zu buhlen, die sie wohl nie bekommen würde.

Eine andere häufige Vampirismus-Variante lautet: »Du hast ja nie Zeit für mich!« oder »Nie kann man etwas von dir haben!« Generalisierungen wie »nie«, »immer« oder auch »keiner« und »alle« sind beliebte Attacken, um die so angesprochenen Personen dazu zu bringen, den Gegenbeweis anzutreten. Meist bekommen sie auch die angepeilte Unterwerfung, weil den Menschen, die Harmonie als hohen Wert betrachten, verlogener Pseudofriede wichtiger ist als ihre eigene Gesundheit. Die Vampire sehen daher keine Notwendigkeit, in respektvoll-korrekter Sprache ihre Wünsche oder Ablehnungen zu erklären. Wie man das macht, findet man im Kapitel »Überleben im Kakteenhain«.

Negaholiker

Diese Sucht nach Negativität ist ein Syndrom,
bei dem Menschen unbewusst ihre angeborenen Fähigkeiten
einschränken, sich selbst einreden, dass sie das,
was sie wollen, nicht bekommen können,
und ihre Wünsche, Sehnsüchte und Träume sabotieren.
C. Carter-Scott[35]

Mit Negaholiker bezeichnet die Trainerin Chérie Carter-Scott Menschen, die nach negativen Sicht- und Denkweisen süchtig sind und damit ihre Umgebung entmutigen. Sie warnt: »Ein Negaholiker ist ein Opfer innerer Kräfte, die einen Krieg der Selbstverneinung gegen Einstellungen, Gedanken, Worte oder Verhaltensweisen führen. Diese Kräfte halten Sie in einem privaten Kerker gefangen, dessen Wände über und über mit Sätzen vollgeschrieben sind wie ›Das kannst du nicht werden. Das kannst du nicht machen. Das kannst du nicht haben. Also vergiss es doch gleich!‹«[36]

Carter-Scott unterscheidet vier Arten von Negaholikern:

- Einstellungsnegaholiker, die andere erbarmungslos zu immer größeren Leistungen antreiben. Sie teilt diese Gruppe ein in Perfektionisten, Sklaventreiber und solche, die sich selbst ständig überfordern. Ich würde die letzteren lieber zu den Perfektionisten zählen, weil diese ja auch ständig mit sich selbst unzufrieden sind, vor allem, weil sie sich unentwegt mit anderen, oft nur in ihrer Fantasie existierenden Superhelden vergleichen.

- Verhaltensnegaholiker sind für Carter-Scott solche, die ihre Negativität in selbstschädigenden Verhaltensweisen ausagieren. Wie ich immer wieder beobachte, ziehen sie damit prompt die Aufmerksamkeit ihrer nächsten Angehörigen wie auch der Kollegenschaft auf sich. Von diesen entwickeln dann viele ein Helfersyndrom, d. h. sie versuchen mehr oder weniger nervend, die Negaholiker von ihren destruktiven Verhaltensweisen abzubringen und verstricken sich so gleich einer Fliege in dem kunstvoll angelegten Spinnennetz.
- Geistige Negaholiker nörgeln, rivalisieren, suchen stets nach Fehlern und werten bei jeder sich bietenden Gelegenheit andere ab – oder sie suhlen sich in Schuldgefühlen und provozieren auf diese Weise kraftraubende Verteidigungsversuche, aus denen sie gesättigt und siegreich hervorgehen.
- Verbale Negaholiker unken Unheil, klagen über Gott und die Welt und fordern so Gegenargumentationen heraus, auf die sie wieder mit Endloswidersprüchen reagieren können – bis andere verzweifelt aufgeben. Eine besondere Form dieses Negaholismus kennen Angehörige beratender oder therapeutischer Berufe: Es sind die ewig Unzufriedenen, die zwar Rat begehren, ihn aber dann sofort verwerfen. So berichtete mir ein nach einem solchen Erstgespräch erschöpfter Kollege, dass er von seinem Klienten jedes Mal, wenn er zu einem Wort ansetzte, mit weit ausholender Handbewegung und dem Satz: »Sagen Sie nichts!« abgestoppt wurde, zu Ende der Stunde sich aber die Kritik anhören musste: »Sie haben mir ja gar nichts gesagt!« Im Grimm'schen Märchen vom »Tischlein-deck-dich« ist es

die Ziege, die auf der Wiese meckert, »Ich bin so satt – ich mag kein Blatt!«, sich aber, wieder daheim, beklagt: »Ich sprang nur über Gräbelein und fand kein einzig Blättelein, Bäh!«

- Ich selbst zähle zu den Negaholikern auch Zyniker (meist männlich). »Es handelt sich um ein Individuum, das die überkommene Moral missachtet und seine ganze Redekunst dareinsetzt, das Böse zu erhöhen, seine Vorzüge, seine Überlegenheit, seine Spielbreite und Existenzberechtigung zu preisen. Der Zyniker gibt auch Orakelsprüche von sich, die Unglück voraussagen«, schreibt der französische Psychiater Alberto Eiguer[37]. Mit ihren Kommentaren zum Tagesgeschehen können sie ganze Abteilungen (oder Familien) vergiften und damit den möglichen Arbeitseinsatz sabotieren – ihre Mitarbeiterschaft verbraucht dann Unmengen an Energie zur »Entgiftung« und wird womöglich noch weiter mit toxischen Bemerkungen malträtiert, wenn es der »kyon« (der Name Zyniker stammt vom altgriechischen kyon, kynos: Hund) merkt.

Mit der negaholischen Technik des Energiezapfens schaffen es die UnglücksbotInnen, anderen Mut, Selbstvertrauen und oft sogar den Lebenswillen zu nehmen, sich selbst aber gleichzeitig als weise Zukunftsschauende zu »inthronisieren«. Weil sie ein unbestimmtes Gefühl quält, vom Leben benachteiligt worden zu sein, setzen sie mehr oder weniger unbewusst alles daran zu verhindern, dass jemand erfolgreicher sein könnte als sie, ohne selbst einen Beweis für ihre Vermutungen oder gar eigene Kompetenz abgeben zu müssen.
Als ich 1989 von Chefredakteur Robert Hochner eingeladen wurde, so nebenher eine wöchentliche Kolumne für die von ihm neu konzipierte AZ (»Arbeiter Zeitung«) zu schreiben,

und dies voller Stolz meiner greisen Mutter berichtete, lautete ihre Reaktion: »Was fängst du denn schon wieder was Neues an! Kannst du nicht endlich Ruhe geben!« Einer spielerischen Eingebung folgend, antwortete ich ihr, der Grundschullehrerin, die, gleich von der Reifeprüfung weg geheiratet, ihren Beruf nie ausgeübt hatte, »Mama! Um dies zu beurteilen, bist du nicht kompetent!«. Sie sah mich groß an und sagte schnippisch: »Wenn du meinst …« Aber nie wieder kam ein Wort der Kritik über ihre Lippen.

Manche tarnen ihre negaholische Einstellung aber auch hinter scheinbar wohlwollenden Bedenken. Für psychoanalytisch geschulte Beobachter gibt die Erkenntnis der insgeheimen Botschaften häufig Anlass zum Amüsement. Als ich einmal über die Belastung meines Altersstudiums bei 150%iger Berufstätigkeit und meine Überlegungen, mir schon frühzeitig mögliche Themen meiner Abschlussarbeiten zu überlegen, sprach, entblödeten sich einige meiner StudentInnen nicht, mich besorgt zu warnen, dass »es mir nicht gehe wie Ex-Minister zu Guttenberg« und man mir Plagiate vorwerfen könne. Das waren wohl ihre eigenen Probleme – mir wäre so eine Idee nie gekommen, außerdem bin ich für meine überpräzise Zitierkorrektheit bekannt.

»Vulgär erscheint mir weiterhin die Unfähigkeit, zu verehren, und die Neigung, hinter allem Großen und Gelungenen, hinter jeder Schönheit und Güte irgendeinen schäbigen Trick zu vermuten«, berichtet der Unternehmensberater Asfa-Wossen Asserate, und setzt fort: »Leichtgläubigkeit kann lächerlich machen, aber das grundsätzliche Misstrauen, das auf der Überzeugung ruht, der Vollbringer eines großen Werks welcher Art auch immer sei im Kern so dürftig ausgestattet wie man selbst und habe nur den richtigen Dreh gefunden, ist noch viel peinlicher. Überhaupt ist es vulgär, bei der Betrachtung der Handlungen anderer als Motiv immer nur das allerniedrigste für wahrscheinlich zu halten.«[38]

Eines meiner Lieblingssprichwörter lautet: »Ein Dieb sieht auch bei einem Heiligen nur die Taschen.« Man reagiert spontan immer auf das, wozu man sich in Resonanz befindet. Das »unschuldige Kind«, das noch nichts Böses kennt, steht nicht in Resonanz; diese Erkenntnis finden wir in dem Märchenmotiv, wo ein Bösewicht solch ein Kind auserwählt, damit es durch die Reihe der Wache haltenden Monster durchschreitet, die den Zugang zu dem jeweils begehrten Schatz behüten. Da das Kind frei von negativen Gedanken und Gefühlen ist, fürchtet es sich auch nicht – es weiß ja nicht, dass die »wilden Kerle« gefährlich sind …

So berichtete einmal eine Studentin meiner Sexualberatungsausbildung[39] in der Supervision, wie sie mit einem Klienten nett geplaudert habe, der sich, wie sie irritiert bemerkte, während des Gesprächs die Fingernägel mit einem Messer reinigte. Als er ging, traf gerade ihre ablösende Kollegin ein; diese fragte entsetzt: »Was hat denn der Killer-Joe da gewollt?« und erzählte meiner Studentin die Gefängniskarriere des frisch haftentlassenen Totschlägers. Als meine Studentin den Mann drei Wochen später am Gang ihrer Institution wiedersah, grüßte er sie schon von Weitem mit einem stolzen »Gelt – jetzt wissen S', wer ich bin!«. Ihr Gesichtsausdruck hatte sie verraten – sie hatte ihre Unschuld verloren.

Fleischfressende: Werwölfe

All die Männer, die ihr Benehmen
mit einem Kontrollverlust rechtfertigen,
haben sich in der Gesellschaft anderer Menschen
oder am Arbeitsplatz durchaus im Griff.
M.-F-Hirigoyen[40]

»Wer« bedeutet im Germanischen Mann. In den Legenden ist der Werwolf ein Mann, der sich die drei Tage rund um Vollmond in einen Wolf verwandelt und dann im Blutrausch wahllos Menschen anfällt, beißt oder gar zerfleischt und sich so ihrer Energie bemächtigt. Aber während man vom Vampir ganz blutleer gesaugt werden muss, bevor man selbst als quasi Sekundär-Vampir zur Jagd nach Herzblut aufbricht, genügt beim Werwolf schon ein einziger Biss zur Ansteckung … und diese zeigt sich in unreflektierten plötzlichen Gewaltausbrüchen, verbalen wie vielfach auch physischen.
Basis für diese Gewaltausbrüche bilden narzisstische Schwachstellen, erklärt die französische Ärztin und Viktimologin Marie-France Hirigoyen. »Eine innere Hilflosigkeit verleitet sie dazu, die Partnerin zu dominieren und zu kontrollieren. Sie erwarten von ihr, wie ein Kind von seiner Mutter, dass sie ihre inneren Spannungen ausgleicht, ihre Ängste beruhigt. Gelingt ihr dies nicht,« – und es kann ihr nur zufällig gelingen, möchte ich betonen, denn wie jemand anderer reagiert, liegt außerhalb des eigenen Machtbereichs – »erscheint sie ihnen feindselig und wird für alles verantwortlich gemacht, was nicht nach Plan funktioniert. Diese Männer fürchten sich vor der Vernichtung, und der gewalttätige Akt dient dem Schutz ihres Seelenzustands. Die äußere Kontrolle

über den anderen ersetzt ihnen den Mangel an innerer Kontrolle.«[41]
Hirigoyen bezieht sich auf die seelischen oder auch körperlichen Verletzungen, die Frauen in Beziehungen zu gewalttätigen Männern erleben – und Frauen sind auch die bevorzugten Opfer, immerhin wird dieses Beziehungsmuster in unendlich vielen Action-Filmen – wenn nicht ohnedies schon im Elternhaus – vorgeführt und damit individuell wie auch gesellschaftlich verinnerlicht.
Der Kampf Werwolf gegen Werwolf ist eher selten, denn sein Charakteristikum ist ja sein angepasst-unauffälliges Alltagsverhalten eines seriösen Mannes, der »halt gereizt wurde«, seltsamerweise immer von körperlich oder sozial Unterlegenen. Die Gesellschaft bereite Männer darauf vor, eine dominante Rolle einzunehmen, betont Hirigoyen, und »wem dies auf natürlichem Wege nicht gelingt, der neigt dazu, sich seine Position zu erzwingen«[42], und, füge ich hinzu: Er kann sich der unkritischen Unterstützung seiner Geschlechtsgenossen, aber auch aller Frauen, die noch immer dem patriarchalen Gesellschaftsmodell des 19. Jahrhunderts anhängen, sicher sein. In diesem hatte der Ehemann zwar die gesetzlich festgelegte Vormachtstellung gegenüber Frau und Kindern, aber auch viele Fürsorgepflichten für diese von ihm Abhängigen. Was nämlich vergessen wird, ist, dass bis kurz über die Mitte des vorigen Jahrhunderts Bildung für Frauen generell als unnötig angesehen wurde, abgesehen von hauswirtschaftlichen Tugenden, daher war der Mann meist gebildeter als die auf Haus und Hof beschränkte Frau. Erst die zwei Weltkriege mit dem Ausfall ganzer Männergenerationen durch Tod und Gefangenschaft und die unbestreitbare Notwendigkeit, dass Frauen deren zivile Arbeitsplätze einnahmen, legten den Grundstein für eine partnerschaftlich gedachte Beziehungs-

kultur. Dass die durch Selbsterhaltungsfähigkeit gewonnene größere Unabhängigkeit der Frauen von vielen Männern als quasi »Enteignung, Entmachtung, aber auch wie ein Verlust ihres persönlichen Wertes und somit ihrer Selbstachtung«[43] erlebt wird, berechtigt keineswegs zu Bestrafungsaktionen. So prügelte ein Transportunternehmer seine Ehefrau aus heiterem Himmel krankenhausreif, als er erkannte, dass sie mit ihrer Reinigungsfirma, in der sie den Ehefrauen seiner Anverwandten Arbeit gegeben hatte, mehr Umsatz gemacht hatte als er. »Das hat er immer so gemacht, wenn ich etwas gemacht habe, das ihm nicht recht war«, verteidigte ihn die Frau, als ich ihr riet, sich an eine Interventionsstelle gegen Gewalt zu wenden, um sich Unterstützung für Widerstand zu holen. Erst als ihm Polizisten das Gesetzwidrige seiner vermeintlich »gerechtfertigten Entrüstung« verdeutlichten und er eine Strafe auf Bewährung ausfasste, kam der gelegentliche Wüterich zur Besinnung. Dennoch ist es wichtig, sich bewusst zu machen: Der Wunsch nach Rache für unterlassene Unterwerfung lauert unbewusst in allen Menschen, die sich »kastriert«, d. h. ihrer Macht beraubt fühlen. Aus der bestialischen »Mördergrube« in ein menschenwürdiges Bewusstsein gehoben, könnte dieser Wunsch in einen ersten Schritt zur partnerschaftlichen Teilung von Macht und damit gegenseitigen Respekt verwandelt werden.

Rappelköpfe

Doch es liegt im Wesen der Verzweiflung,
dass es keine Ideen oder Gedanken gibt,
durch die man aus ihrem Griff befreit
werden könnte.
N. Schwartz-Salant[44]

In Ferdinand Raimunds »romantisch-komischem Original-Zauberspiel« mit dem Titel »Der Alpenkönig und der Menschenfeind« entspricht der reiche Gutsbesitzer Rappelkopf sowohl der Diagnose Verfolgungswahn als auch Borderline-Persönlichkeitsstörung. Und so wie dessen Ehefrau Antonie – die vierte im Leben des psychischen »Ladykillers« – an seinem Misstrauen und seinen Unterstellungen leidet, leiden viele Frauen, aber auch Männer, an den seelischen Nadelstichen und oft auch abstrusen Vorkehrmaßnahmen, mit denen sich diese »rappelnden«, in Wirklichkeit nur selbst verletzten Menschen vor weiteren Verletzungen schützen wollen.
Und wiederum ist es die als Wohlwollen achtenswerte, zur Grenzziehung aber unpassende Geduld der derart belasteten Angehörigen, die sich so vor den Verbalattacken des Rappelkopfs schützen wollen – was sie damit nur noch verdächtiger macht –, die dazu führt, dass er keinerlei Notwendigkeit sieht, sich zu ändern bzw. Hilfe zur seelischen Gesundung zu suchen und auch anzunehmen.
Die Diagnose Borderline-Persönlichkeitsstörung wird anhand von acht Symptomen gestellt, von denen wenigstens fünf zusammentreffen müssen, nämlich

- Unbeständige und unangemessen intensive zwischenmenschliche Beziehungen; mir ist wichtig zu betonen, dass

»intensiv« sowohl üblicherweise positiv als auch negativ bewertete Beziehungsformen bedeutet.

- Impulsives, potenziell selbstschädigendes Verhalten; dazu wird Drogenmissbrauch (Alkohol inbegriffen), Ladendiebstahl, Straßenrowdytum, übermäßiges Essen oder Sexverhalten gerechnet. Ich habe aber auch riskante Sportausübungen oder selbstgestellte Mutproben erlebt, unangemessenes Spiel- oder Wettverhalten und überlegenes Lachen bei Konfrontation mit diesen »Grenzüberschreitungen«.
- Selbstverstümmelungen bis zu Selbstmordankündigungen und auch mehr oder weniger deutliche Versuche, sich das Leben zu nehmen.
- Chronische Gefühle von Leere oder Langeweile.
- Verzweifelte Bemühungen, die reale oder fantasierte Angst vor dem Verlassenwerden zu verhindern. Mir ist auch aufgefallen, dass diesen Menschen Einsamkeit grundsätzlich schwer erträglich ist, sie daher oft Mitbewohner suchen, die aber dann mangels Erklärung dieser Einladung oft Fehlerwartungen unterliegen, was wiederum zu bedrohlichen Konfliktsituationen führen kann.
- Starke Stimmungsschwankungen.
- Häufige und unangemessene Zornausbrüche.
- Das Fehlen eines klaren Identitätsgefühls. Ich habe bei den Menschen, mit denen ich zusammengearbeitet habe, oft eine auffallende emotionale Abhängigkeit von Identität spendenden Personen aus dem Berufs- oder Freizeitfeld beobachtet.

Therapie mit Borderline-PatientInnen gilt als besonders schwierig, weil kaum »Krankheitseinsicht« vorliegt. Dieses Wort stellt aber eigentlich bereits eine Beleidigung dar. In der

Salutologie – der Lehre von den Sichtweisen und Methoden, wie Gesundheit aufgebaut und bewahrt werden kann – spricht man von einem Gesundheits-Krankheits-Kontinuum: Wir sind immer mehr oder weniger gesund oder krank; es sind – objektive oder subjektive – Bewertungen, die beispielsweise kritisch danach betrachtet werden können, wer davon profitiert, dass etwas als krank definiert wird. Meist sind es die Personen, die entweder darunter leiden – das können durchaus »nur« die Angehörigen sein oder »die Gesellschaft« –, oder die daran Geld verdienen.

Mit »Borderline« (vom englischen border: Grenze) wird angedeutet, dass das symptomatisch Auffällige an der Definitionsgrenze zwischen Neurose und Psychose schwankt. Bei der Neurose leiden die primär Betroffenen, aber die Umwelt merkt wenig davon, beider Psychose ist es umgekehrt, da sind sie sozial auffällig, sie selbst finden aber ihre Gedankenwelt ganz normal und ihre Umwelt ist es, die an deren »Verrücktheit« leidet. Bei so genannten Borderline-Persönlichkeiten fällt den anderen auf, dass sie irgendwie »ver-rückt«, nämlich nicht wie üblich, reagieren, aber doch nicht so, dass man sicher sein könnte, dass sie »gestört« wären; dabei sind sie es natürlich – denn, wie die Sprache schon aufzeigt: Wer gestört ist, der wurde gestört, nur weiß man nicht, wodurch oder durch wen (was man beispielsweise bei einer so genannten reaktiven Depression schnell erkennen kann, sofern man das will).

Meine Sichtweise auf das Phänomen Borderline gründet sich auf die Erfahrung, dass mich das Verhalten dieser Menschen

- an das kleiner Kinder im Alter bis etwa zwei Jahre erinnert, die ja auch extrem schnell zwischen Gefühlen von »Liebe Mami!« und »Böse Mami« samt Handgreiflichkeiten wechseln,

- und ich in den Biografien solcher Personen immer mit Lebensgefährdungen in den ersten zwei Lebensjahren oder während der Zeit im Mutterleib konfrontiert war, also in der quasi »vorsprachlichen« Zeit, was vielleicht auch erklären mag, weshalb die Stimmungsschwankungen und Zornausbrüche so abrupt auftreten. Viele hatten Abtreibungsversuche überlebt, waren körperlich misshandelt worden oder hatten lebensbedrohliche Unfälle erlitten. Das erklärt ihre Hypersensibilität für unausgesprochene Feindseligkeiten.

Mit Hypersensibilität meine ich, dass schon ein einziger »böser« Gedanke wie »Nicht schon wieder!« genügen kann, dass solch ein Grenzgänger explodiert: Er oder sie »spürt« die Ablehnung, ist sich dieser sublimen Wahrnehmung aber nicht bewusst, sondern reagiert instinktiv »animalisch« (rein seelisch, ohne viel zu denken) und daher meist mit einem stacheligen Abwehrverhalten. Was sie damit an seelischen Verletzungen anrichten, merken sie selten, sondern kommen nach mehr oder weniger Zeitabstand daher, wie wenn nie etwas Disharmonisches vorgefallen wäre. Seelische Fahrerflucht. Keine Erste Hilfe. Rückkehr an den Tatort, ohne sich in irgendeiner Weise schuldig zu fühlen.
Ich erinnere mich an eine Klientin, eine Wirtschaftsakademikerin, die vor vielen Jahren zu mir kam, weil ihr Freund, ein Steuerberater, sie unter Druck setzte, sie solle doch zu ihm ziehen und ihre Wohnung seiner Mutter überlassen; sie wollte aber ihre Unabhängigkeit nicht verlieren. Dennoch konnte sie auf die Dauer seinen Vorwürfen, sie liebe ihn eben nicht, wenn sie wegen solch einer »Kleinigkeit« ein »Theater« machen würde, nicht widerstehen, und so brachte er sie dazu, sich schließlich doch »um des Friedens willen« von

seinen schnell wechselnden Kalt-Warm-Duschen umstimmen zu lassen. Kaum war sie bei ihm eingezogen, nahm er ihr in einem Wutanfall beim ersten Widerstand gegen seine übermächtige Kontrolle Handy und Autoschlüssel weg und sperrte sie in seiner Wohnung ein. An einen Ausstieg übers Fenster war nicht zu denken, also musste sie sich seiner Tyrannei ergeben, worauf seine Stimmung blitzartig in Zärtlichkeit umschlug. Das wiederum erfüllte sie jedes Mal mit Hoffnung, jetzt würde alles anders, um sich beim nächsten Ausraster wieder zu fragen, was sie denn nun wieder falsch gemacht habe … und die Hoffnung stirbt bekanntlich zuletzt.

»Die Angst eines Borderline-Menschen, zerstört werden zu können, blockiert tiefere Einfühlung anderer und damit die Möglichkeit, wirklich verstanden zu werden, ab. Umgekehrt lässt ihn seine Angst, verlassen werden zu können, in Beziehungen festkleben und macht Abschied, Trennung oder Abstand unerträglich, weil der nur ihn selbst tragende Boden als zu dünn oder ganz fehlend empfunden wird«, schreibt der Münchner Psychiater Joachim Gneist[45] und schildert damit das innere Schleudern – Schwanken wäre zu milde formuliert – und die Zerrissenheit, die die abrupt wechselnden Stimmungsschwankungen von Borderlinern speisen. So warnt Gneist auch: »Das ›ich platze vor Wut‹ ist für den Borderline-Menschen greifbar ernst.«[46] Dass er in solchen Augenblicken – aber nur in solchen – nicht merkt, dass er andere sticht und fast ersticht, erklärt sich von selbst. Borderliner haben Probleme mit Grenzen – den eigenen wie denen anderer. Wer sich nicht lustvoll in die Märtyrer-Rolle bringen will, muss dem Stichkanal ausweichen.

Ausgebrannte

In unserer Gesellschaft ist es, vor allem in beruflichen Bereichen, durchaus nicht immer ratsam, die eigenen Grenzen und Schwächen, Probleme oder fehlende Kenntnisse offen zuzugeben.
Ein gehobener Angestellter hat unfehlbar und im Besitz voller Kontrolle zu sein. Die meisten fühlen sich schuldig, wenn sie in Schwierigkeiten geraten.
E. Aronson, A. M. Pines, D. Kafry[47]

Erhöhte Verbalaggressivität kann aber auch unbewusst einen Versuch darstellen, Anzeichen von Burnout zu kompensieren.
Vor der letzten Bundeswahl suchten mich etliche Politikergattinnen auf, die fest entschlossen waren, sich sogleich nach der Wahl – vorher hätte es ja dem Wahlerfolg des Angetrauten schaden können – scheiden zu lassen. Sie klagten über seine Respektlosigkeit, Aggressivität, verbale Untergriffe bei gleichzeitiger Interesselosigkeit an jeglichem Ehe- oder Familienleben – außer wenn dies unter Repräsentationspflichten fiel.
Wenn ich dann den zeitlichen Verlauf dieser scheinbaren Persönlichkeitsveränderung nachfragte, zeigte sich ein deutlicher Zusammenhang mit den steigenden Anforderungen, im Wahlkampf präsent zu sein, die Angriffe der »Mitbewerber« auszuhalten, gleichzeitig aber auch die laufende Abgeordnetenarbeit zu managen und, wenn auch minimal, im Zivilberuf als Anwesender üble Nachreden und möglicherweise wieder Wählerstimmenverlust zu erleiden. Ich konstatierte dann trocken, der Ehemann befände sich in dem Zustand,

der Burnout genannt wird, und was er jetzt am dringendsten bräuchte, wäre die ausgleichende Unterstützung der Ehefrau, nicht zusätzlichen Beziehungsstress.

Das zunehmend diagnostizierte Burnout-Syndrom ist aus meiner Sicht keine Krankheit, auch wenn wohlmeinende Hausärzte dies gerne zur Begründung von Krankenständen heranziehen. (Früher bildete »Neurasthenie« – Nervenschwäche – eine ähnliche Allerweltdiagnose, wenn jemand Stimmungsabfall und Motivationsverlust beklagte, und auch dann verschrieb der vertraute Allgemeinmediziner meist »Auszeit« zur Erholung, verbunden mit der Verschreibung von Vitaminen und anderen »nervenstärkenden« Arzneien; als ich in den 1970er und 1980er Jahren noch in Familienberatungsstellen mit ÄrztInnen zusammenarbeitete, gestand mir einer von ihnen im Vertrauen, er schreibe diese »Diagnose« immer dann, wenn er merke, dass es Patienten nicht gut gehe, er aber nicht wisse, was los sei.)

Im Gegensatz zum unkontrollierbaren Energieverlust bei der Erschöpfungsdepression, wo der Körper spontan zur Erholung »abschaltet«, versuchen Burnout-Betroffene halbbewusst mittels Aggression die Freiräume zu erkämpfen, die sie zur Entlastung bräuchten. Burnout entsteht nämlich aus dem – meist zutreffenden, daher der psychischen und mentalen Gesundheit zuzuzählenden – Gefühl heraus, dass man den Überblick zu verlieren droht oder schon verloren hat, weil alles »zu viel« ist. Alles erscheint dann als zusätzliche Anforderung – und sei es nur das liebevolle Angebot des Ehepartners, etwas zum Wohlbefinden beitragen zu wollen, daher wird Annäherung unangemessen stachelig weggewiesen. Definiert man diese Befindlichkeit als Krankheit, erzielen die Betroffenen möglicherweise einen »sekundären Krankheitsgewinn«, weil sie Rücksichtnahme einfordern können, aber es ändert sich nichts an den auslösenden Umwelt- und Arbeitsbedingungen.

Im Gegensatz zu den Verletzungen, mit denen die Pseudokaktusmenschen, die ich weiter unten beschreibe, versuchen, ihr Energieniveau anzuheben, zielen so genannte Ausgebrannte darauf, zu verhindern, dass ihnen noch mehr Energie abgezogen wird. »Der ausgebrannte Mensch fühlt sich emotional ausgebrannt und ist dabei reizbar und nervös. Seine Familie und seine Freunde bedeuten ihm keine Kraftquellen mehr, nur noch weitere Anforderungen«, schreibt das Autorentrio Aronson, Pines und Kafry. »Leere und Verzweiflung nehmen zu, die Zufriedenheit im Beruf und bei anderen Aktivitäten nimmt ab. Glück und Hoffnung weichen Einsamkeit, Entmutigung und Ernüchterung.«[48] Je einsamer der Beruf – und »nur« Haushalt zähle ich auch zu den Berufen – desto eher wird der oder die betroffene Person Selbsterkenntnis vermeiden können, ja sich sogar einreden, diese Leere wäre professionelle Distanz zur Gewöhnlichkeit, daher richtig.

Tatsächlich ist es aber nicht diese Leere, die Burnout ausmacht, sondern die Aggressivität. Das Leeregefühl kennzeichnet die Erschöpfungsdepression – oder den Stressentzug des Workaholic.

Der Manager, der nach dem zweiten Herzinfarkt im Krankenhaus wieder mit drei Handys telefoniert, bis er seinen letzten Atemzug macht, die Frau, der ihre Vorgesetzte die Arbeitsfreude vermiest, der Endtwen, der sich für unbegrenzt leistungsfähig hält und aus Überlastung somatisiert – sie alle sind nicht ausgebrannt, sondern überstresst, überdrüssig – bore out mit einem neudeutschen Modewort – oder überarbeitet, sofern sie klagen, jammern oder stumm zusammenbrechen. Was sie mit Burnout eint, ist die Unfähigkeit, sich selbst zu spüren, und die Unwilligkeit, sich von anderen etwas sagen zu lassen. Stattdessen werden alle, die zu nahe kommen, verbal weggebissen, egal, ob sie Energie spenden, Entspannung bieten, aufheitern oder ablenken wollen.

Mit »Such dir jemand anderen« und »Mir gehen deine Unterstellungen, Vermutungen, Anspielungen auf die Nerven« fauchte ein Manager seine Freundin weg, als diese mehrfach versuchte, den Liebsten vom Rand des Burnouts weg und zu mehr Freundlichkeit hin zu locken. Was sie nett und harmlos meinte, definierte er ohne Nachfrage selbstgerecht als »überfordernde Erwartung« – so verengt war seine durch viel zu viele Pflichten eingeschränkte Sichtweise.

Je größer der Zeitdruck, desto verzerrter wird die Wahrnehmung.

Wer dann auch die Möglichkeit eines klärenden Gesprächs vermeidet, weil er oder sie das für zu zeitaufwändig, zu stressend hält, nimmt sich in doppeltem Sinn die Möglichkeit, salutogeneres Verhalten zu erlernen. In dem Film »Evan allmächtig« fragt Gott die Ehefrau Evans, die ihn soeben verlassen hat, weil er ihren Wünschen nach mehr familiärer Nähe nicht entsprach, was sie denn glaube: Ob Gott jemandem, der um Mut bitte, Mut gebe – oder eine Gelegenheit, Mut zu beweisen, und jemandem, der mehr Familienzusammenhalt wünsche, eine Gelegenheit dazu, zusammenzuhalten … Ich predige immer in meinen Vorträgen: Entspannung übt man nicht vor dem Schlafengehen, sondern in Situationen der Anspannung.

Tatsächlich liegt die Erholung von dem Zustand drohenden Kraftverlusts darin, sein Hauptinteresse neu aufzuteilen, sozusagen einen Entlastungskanal zu bauen, in den sich ein Teil der Gesamtenergie umleiten kann. Die Betonung liegt auf »neu«. Die alte Balance muss radikal geändert werden. Jeder Aquariumsbesitzer weiß, dass die Fische eingehen, wenn das

Wasser nicht gewechselt wird; ob es dabei weniger oder mehr wird, ist unerheblich.

Kletten: Stalker

Die Kontrolle äußert sich zunächst als Besitzanspruch: Man überwacht jemanden, um ihm übel mitzuspielen, und in der Absicht, ihn zu dominieren und zu kommandieren.

M.-F. Hirigoyen[49]

Stalking wird in der Fachliteratur als »das beabsichtigte, böswillige und wiederholte Verfolgen und Belästigen einer Person, das deren Sicherheit bedroht« definiert.[50] Aber ähnlich wie schlechtes Benehmen, auch wenn es wiederholt vorkommt, noch kein Mobbing darstellt, sollte man erst von Stalking sprechen, wenn die leib-seelisch-geistige Integrität durch mehrfaches, meist kurz nacheinander ausgeübtes »bedrohliches« Verhalten verletzt wird oder werden könnte, egal, ob dieses verbal oder durch körperliche Betätigungen geschieht. Ich formuliere bewusst »könnte«, denn es darf nicht an der Resilienz – der Fähigkeit, Stress gesundheitsschonend zu verarbeiten – der leidtragenden Person liegen, dass diese Beeinträchtigung einer normalen Lebensgestaltung nicht wie vorgesehen als Delikt verfolgt wird, wie es leider immer wieder vorkommt. Nach der gleichen Logik mancher RichterInnen wäre dann auch ein zielgerichteter Schuss straffrei, wenn die angeschossene Person zufällig eine kugelsichere Weste getragen hat …

Ich unterscheide dabei[51]:

- Liebesstalker. Sie fantasieren, »aus Liebe« das Recht zu besitzen, in das Privatleben ihrer Liebesobjekte, das können auch die eigenen Kinder oder aber persönlich nicht bekannte Personen, z. B. Prominente sein, eindringen zu dürfen.
- Wahnstalker, die eine nicht bestehende Beziehung inklusive darauf beruhender Ansprüche fantasieren.
- Rachestalker, die häufigste Gruppe. Sie beschimpfen und bedrohen nicht nur ehemalige Partnerpersonen, die sie ewig unter Kontrolle halten wollen, sondern auch Vorgesetzte, Kollegen, Beamte etc., die sich nicht ihren Erwartungen konform verhalten haben. Da es hier immer private oder berufliche Vorbeziehungen gab, rate ich dringend davon ab, diesen verletzten Menschen, die Gleiches mit Gleichem vergelten wollen, die Kommunikation zu verweigern, wie verängstigt oder empört man auch selbst sein sollte. Das könnte nämlich das eigene Todesurteil bedeuten. »Man ist nie verletzbarer, als wenn man aus Abscheu, mit impulsiver Heftigkeit reagiert, ohne die Dinge zu analysieren«, warnt Alberto Eiguer.[52] Besser ist es, Personen im Nahumfeld als Zeugen zu bitten. Gegen Gewalt hilft Veröffentlichung. Wenn man im Falle der Betretung zu jemand hör- oder sichtbar sagen kann, »Sehen Sie – das ist die Person, von der ich Ihnen erzählt habe, dass sie mich verfolgt!«, erfolgt nach meiner Erfahrung sofort der Rückzug.
- Hassstalker. Diese suchen nur irgendein passendes Opfer zum wiederholten Angstmachen. In diese Gruppe fallen die meisten TelefonterroristInnen mit oder ohne sexuelle Belästigungsabsicht. So wurde ich beispielsweise eine Woche lang von einer mir völlig unbekannten Ärztin mit Anrufen auf meine Sprachbox gestalkt, in denen sie mich

als beruflich erfolglose Psychiaterin verhöhnte, also gar nicht wusste, dass das nicht mein Beruf ist, und mir unter Beschimpfungen androhte, sie würde mich verfolgen, »weil ich meine Patienten nicht liebe«. Ihr Pech war, dass sie auch gerade dann anrief, als ich bei der Polizei Anzeige erstattete; als sich statt meiner ein Beamter meldete, der sie über die Strafbarkeit ihres Verhaltens aufklärte, hörten ihre mehrfachen täglichen Anrufe auf.

Als Stalking im österreichischen Strafrecht noch keinen eigenen Straftatbestand bildete, erhielt ich des Öfteren, wenn ich mich in den Medien gegen die sexuelle Misshandlung von Kindern äußerte, beschimpfende Telefonanrufe von vermutlich Angehörigen der Pädophilenlobby. Auch diese habe ich zu Dokumentationszwecken festgehalten, sie also gleichsam zwar nicht auf Papier, aber auf Tonband »gebannt«.

Denn auch wenn man sich als Psychotherapeutin einen professionellen Umgang mit psychopathischen Menschen erarbeitet hat, treffen derartige Attacken auf der energetischen Ebene und brauchen je nach Hassintensität Tage, oft auch Wochen, bis sie »verdaut« und »ausgeschieden« sind. Wie man diesen Vorgang mit Reinigungstechniken beschleunigen kann, findet sich im Kapitel »Überleben im Kakteenhain«.

Während sich die Liebes- und Wahnstalker den eigenen Energiezuwachs durch Beglückung erhoffen, wollen die Hass- und Rachestalker bei der verfolgten Person (oder auch bei völlig Unbeteiligten) das gleiche Energieloch reißen, unter dem sie selbst leiden.

So kam einmal ein Mann in meine Praxis, ein Universitätsprofessor, der sich von mir nicht nur als Psychotherapeutin, sondern auch als promovierte Juristin Tipps erwartete, wie er seine geschiedene Ehefrau hinsichtlich des von ihr verweigerten Besuchsrechts der gemeinsamen Tochter austricksen könne. Ich merkte bald, wie starr er die Erkenntnis ablehnte, dass sein verbissenes Rechthabenwollen wohl einer der Gründe für das Misslingen der Familienbeziehung sein könnte. Als die gebuchte Zeit vorbei war, weigerte er sich, meine Praxis zu verlassen. Auch der Hinweis meiner damaligen Assistentin, dass draußen schon der nächste Klient warte, brachte ihn nicht zur Vernunft. Erst die Bemerkung, dass nun wohl nichts anderes übrig bliebe, als die Polizei zu Hilfe zu rufen, brachte Ernüchterung. Am nächsten Tag rief er dann an und entschuldigte sich – er wisse selbst nicht, was in ihn gefahren sei. Ich riet ihm, Loslassen zu üben.

Es gibt aber noch ein weiteres Phänomen im Bereich von Stalking: die eingebildeten Stalking-Opfer. Sofern keine paranoia sexualis vorliegt, bei der der Verlust an Realitätssicht eklatant ist, oder eine Schutzbehauptung, um das eigene Stalking-Verhalten zu verschleiern, zählt dieses Phänomen eher zur sozialen Inkompetenz. Man projiziert dann den eigenen Mangel an Sozialkontakten im Sinne eines Selbstheilungsversuchs auf jemanden, der einfach freundlich Kontakt aufnehmen will, und unterstellt der Person Belästigungsabsicht. Mehr dazu im Kapitel »SozImps«.

Bosnigl

Der aber, der das Nicht-Streiten-Wollen des anderen
zur besten Streitgrundlage macht,
hat ein niemals versiegendes Konfliktreservoir.
H.-J. Seemann/R. Meier[53]

Als ich vor vielen Jahren einmal ein Seminar zum Thema »Sexualität und Aggression« abhielt, verzweifelte ich an einer Sozialarbeiterin, die mir, egal, was ich sagte, dagegen redete. Mein Bemühen, ihr Anliegen aus ihren Wortmeldungen herauszuschälen, war von keinerlei Erfolg gekrönt. Als ich schließlich genervt »die Flucht nach vorne« antrat und zugab, nicht zu verstehen, was sie denn wolle, strahlte sie mich an: »Ja merken Sie denn nicht, dass ich nur übe, mit Ihnen zu streiten?« Auf diese Idee wäre ich nie im Leben gekommen.

Der Unterschied zwischen einem boshaften Menschen, einem Bosnigl, wie sie in Österreich heißen, und einem Kaktusmenschen liegt darin, dass es dem Bosnigl diebische Freude bereitet, jemand anderen zu schikanieren. Ich kannte einmal einen Mann, der immer, wenn er Ärger im Büro gehabt hatte, wahllos irgendeine ihm unbekannte Telefonnummer anrief und bei Melden des Teilnehmers in den Hörer brüllte: »Ist dort Huber?« Wenn die angerufene Person antwortete, »Nein, hier ist Meier!«, spielte er seinen Trumpf aus: »Was melden Sie sich dann, Sie Trampel!« oder »Trottel«, wenn es ein Mann war.

Frank Hallenberger und Andreas Eckel unterteilen in ihrer Studie Telefonterroristen in

- Schreckanrufer, die beispielsweise von einem angeblichen Unfall »informieren« (üblicherweise macht das die Polizei).

- Kontrollanrufer, die nur feststellen wollen, ob sich die angerufene Person daheim befindet. Meist legen sie dann sofort auf. Oft ist dies auch eine Stalking- oder auch Mobbing-Strategie.
- Verbalerotiker wollen sich an ihrer Inszenierung (z.B. jemanden, bevorzugt Kinder, zu sexuellen Handlungen anstiften) oder auch nur an einer Stimme erregen.
- Sündenbockjäger belästigen Menschen, welche einer Minderheit angehören oder als Abweichler oder Verräter betrachtet werden, etwa nach einem Religionswechsel.[54] Ich beispielsweise wurde in meiner Zeit als Kommunalpolitikerin des 10. Wiener Gemeindebezirks eine Zeit lang von Einwohnern des angrenzenden 5. Bezirks nächtlich telefonisch angegriffen, weil man mir unterstellte, an der Einrichtung des Sozialprojekts »GaGA« für gefährdete Jugendliche in der Gassergasse beteiligt zu sein. Ich habe das damals als eine vom politischen Gegner angezettelte Aktion interpretiert. Dennoch stellt sich die Frage, welche Personen sich für solch eine Aktion hergeben; wiederholte Störung der Nachtruhe gilt nämlich nach einer Entscheidung des Obersten Gerichtshofs als Körperverletzung.

Der von mir zitierte Mann gehört wohl in die erste Kategorie, nur mit dem Unterschied, dass er nicht schrecken, sondern demütigen will.
In diese Kategorie gehören auch die Leute, die mit Wonne ihren Garten so gießen, dass sie dabei Nachbarn oder Passanten durchnässen können. Will man sie zur Rede stellen, treten sie wortlos den Rückzug in sichere Gefilde an, wohin man ihnen nicht folgen kann.
Die bislang zweithöchste Steigerungsstufe dieser Spaßgewalt stellt das so genannte Happy Slapping dar; einer meiner Stu-

denten (männlich) schlug vor, diesen Namen durch die Bezeichnung »stupid slapping« zu ersetzen, um diese angebliche Spaßqualität nicht weiter zu multiplizieren.
So geschah es einer Kollegin, als sie mit ihren zwei halbwüchsigen Kindern von einem Auslandsurlaub am Flughafen ankam. Während die Kinder bereits im Autobus saßen und die Mutter die Koffer im Bauch des Gefährts verstaute, wurde sie von einer sichtlich jüngeren Frau so getreten, dass sie zu Boden stürzte. Froh, dass ihre Kinder das nicht mit ansehen mussten, stieg die Mutter in den Bus. Dort erzählten ihr die nichtsahnenden Kinder, dass sie soeben gehört hätten, wie ein junges Mädchen lachend zu ihrem Begleiter gesagt hatte: »Jetzt hab' ich draußen eine niedergetreten – das hat Spaß gemacht!« (Die Frau hat übrigens mit ihrem Handy die Polizei verständigt, die dann auch schon am Endbahnhof wartete; bei dem nachfolgenden Gerichtsverfahren wurde die Täterin allerdings freigesprochen, da ihr Begleiter beteuerte, er sei die ganze Zeit bei ihr gewesen und könne die Unwahrheit der Behauptung bezeugen.)
Die höchste Steigerungsstufe besteht im Filmen dieser Gewalttaten per Handy und Veröffentlichung auf YouTube. So kenne ich aus Supervisionen von PädagogInnen das Leid und die Hilflosigkeit halbwüchsiger Mädchen, die von Klassenkameraden vergewaltigt und dabei gefilmt wurden. Waren es früher nur narzisstische Väter, die sich die teuren Kameras leisten konnten, um sich mittels Selbstauslöser beim ehelichen Geschlechtsverkehr zu filmen, finden heutzutage etliche ihrer Söhne nichts dabei, wehrunfähige Alterskolleginnen mit ähnlichen Methoden wie Zuhälter für selbstgedrehte Pornoszenen per Handy und nachfolgender Protzveröffentlichung im Internet zu quälen. Der Lustgewinn dieser Gewalttäter liegt in der unaufhebbaren Permanentbeschämung ihres Opfers.

»Der Film stiftet eine imaginäre Unsterblichkeit. Er speichert Zeit als gnadenlose Erinnerung, die das Vergessen sabotiert«, schreibt das Autorenduo Seemann und Meier, denn: »Die Scham gehört, wie Angst und Wut, zu den bevorzugt vom Schikaneur hervorgerufenen Gefühlen – nicht nur, weil sie ein unangenehmes Gefühl ist. Die Scham impliziert ein Gefühl der Irritation und der Ohnmacht.«[55]

Nikomanen

Das Bewusstwerden der Manipulation kann
das Opfer nur in einen furchtbaren Angstzustand
versetzen, den es nicht loszuwerden vermag,
weil ihm der Gesprächspartner fehlt.
Zusätzlich zum Zorn empfinden die Opfer
in diesem Stadium auch noch Schmach:
die Schmach, nicht geliebt worden zu sein,
die Schmach, diese Demütigung geduldet zu haben,
die Schmach, sich gefügt zu haben.
M.-F. Hirigoyen[56]

Mit Nikomaniker – eine Wortschöpfung von mir, zusammengesetzt aus dem altgriechischen nike, der Sieg, und Manie – bezeichne ich Menschen, die um jeden Preis Sieger sein müssen, koste es, was es wolle. Man findet sie in den Familien, im Beruf, in Gaststätten, im Straßenverkehr; sie können jung sein, sehr jung – oder uralt, männlich oder weiblich … sie verhaken sich wie Kletten in die Seele der Menschen, die es wagen, ihnen zu widersprechen.
Sie sind »zu«. Sie wollen weder Energie saugen noch kom-

men sie auf die Idee, sich gegen Energieverluste schützen zu sollen, denn allein wenn man sich ihnen so weit nähert, dass die in ihrem Unbewussten permanent tagende unsichtbare Jury einen Vergleich anstellen könnte, beginnt ihr Kampfmuster abzulaufen: alle auf Abstand bringen, und falls das nicht gelingt, vernichten.

Sie sind unberührbar. In dem in den 1990er Jahren vielgelesenen Buch »Die Prophezeiungen von Celestine« werden sie als »Vernehmungsbeamte«[57] bezeichnet. Energie verlieren nur die, die sich um eine menschliche Reaktion bemühen, der Nikomaniker nicht – dazu ist er oder sie viel zu selbstgerecht. Narzisstisch selbstgefällig hingegen sind Nikomaniker nicht – das würde sie von der Zustimmung anderer abhängig machen.

Manchmal tun sie so, als ob sie an anderen Interesse hätten – wenn sie Politiker sind und Wahlkampf tobt. Für diesen Beruf der tausend Nadelstiche sind sie auch gut geeignet, denn die meisten Nikomaniker zeichnen sich durch enorme Leistungsbereitschaft, Verlässlichkeit, Selbstdisziplin und, wenn sie keine Monarchen sind wie Kaiser Franz Joseph I., durch blinde Parteitreue aus. Sie haben, wie der Volksmund zu sagen pflegt, »einen guten Magen« – ihr »Stoffwechsel« kann sogar das Unverdaulichste zu Kraftnahrung umwandeln. Und üblicherweise haben sie viele »Untergebene«, die sie vom gemeinen Volk abschotten – und das ist gut so. Denn da sie in Spitzenpositionen ein übergroßes Arbeitspensum zu bewältigen haben, sieht ihr Zeitbudget keine menschliche Zuwendung vor außer dem Minimum, das für die Aufrechterhaltung der Fassade eines zivilisierten Mitteleuropäers notwendig ist. (Damit erklären sich auch gelegentliche Mordanschläge wie etwa der eines ehemaligen Schulkameraden auf seinen zu höchsten Landesfunktionen aufgestiegenen Mit-

schüler, der dessen juristisch motivierte Nähebedürfnisse abgewiesen hatte.)
Nikomaniker wollen Elite sein. Dazu sind sie auch sozialisiert worden – wenn nicht schon im Elternhaus oder Internat, dann auf dem Sportplatz, im Kino oder auf der Parteiakademie. Wenn sie nicht zur Alpha-Elite gelangen, dann wenigstens zur Omega-Elite. Deshalb profilieren sie sich oft in Angriffen gegen ihre Höchstvorgesetzten. Mit einem Vaterkomplex, wie oft vermutet, hat das wenig zu tun. Sie sind nur einfach sehr kritisch gegenüber so genannten Autoritäten, die sich als nicht so ideal erwiesen haben, wie sie einstmals glaubten. Diese Anforderung verkehren sie dann häufig ins Gegenteil und halten alle auf Distanz, von denen sie wähnen, dass diese wiederum von ihnen enttäuscht sein könnten (vor allem auch liebende Frauen!).
Bösewichte sind sie keine. Dimensionen von Gut und Böse entziehen sich ihrer Betrachtungsweise, stattdessen bevorzugen sie Unterscheidungskriterien nach Funktionalität, Effizienz, Nützlichkeit, Parteiräson. Wenn sie dazu ihre Wahl getroffen haben, verteidigen sie diese, ohne sich auf lange Kämpfe oder gar eine Auseinandersetzung, die auch an Gegensichtweisen interessiert ist, einzulassen. Was sie meinen, ist richtig und damit basta. Dass das jemand anderen vor den Kopf stoßen und damit verletzen könnte, kommt ihnen nicht in den Sinn. Fordert man gar von ihnen respektvolles Verhalten ein, fühlen sie sich genervt und brechen die Kommunikation ab. So bleiben sie immer Sieger, das bedeutet: allein.

Nesseln: Unberührbare

Was mich am meisten erschreckte,
war die völlige Distanzlosigkeit hinsichtlich des
eigenen emotionalen Erlebens, als könne dies nicht
zu einem wichtigen Erkenntnismittel werden,
wenn man die eigenen Gefühle erst einmal
als einen Indikator nimmt dafür,
dass man Vorgänge bei der Rezeption
eines Textes noch nicht verstanden hat.
T. Moser[58]

Eine Untergruppe der Nikomaniker ist weniger auf Sieg ausgerichtet denn auf absolute Vermeidung der Möglichkeit einer Niederlage. Wenn sie unerwünschtes Feedback abwehren, können sie ganz schön stachelig werden. In diesem Sinne auch Martin Thau: »Ein mächtiges Potenzial ist schließlich noch die *Furcht*, die innerlich alle die verspüren, die an sich selber keine Fehler entdecken mögen: Furcht vor Neuem, der Veränderung des Status quo. Denn wer sich für perfekt ausgibt, bestreitet damit zugleich die Notwendigkeit weiterer Entwicklung – und wird sofort versuchen, auch deren Möglichkeit im Keim zu töten. Sie würde schließlich seine Unvollkommenheit beweisen.«[59]
Von Thomas von Aquin stammt die Formulierung, der Mann wäre das Perfekte, die Frau das Imperfekte; Thomas verwendet dabei das Wort »deficiens«, und das wird liebend gerne in Hinblick auf die Worte Defizit und Defekt mit »fehlerhaft« übersetzt, dabei bedeutet es eigentlich nur, dass etwas nicht abgeschlossen ist – was ja auch, wenn man an das weibliche Genital denkt, stimmt. Frauen könnten sonst ja auch nicht

»natürlich« gebären. Ich übersetze »deficiens« mit: »lässt immer noch Entwicklung zu«. Und genau diese erahnte Wachstumsmöglichkeit macht Angst – Männern ebenso wie konkurrierenden Frauen. Noch dazu, wenn viele Söhne (Töchter kaum) von ihren Stachelvätern mit Sätzen wie »Warte mal ab, bis du deine Ausbildung abgeschlossen hast!« oder »Werd erst mal was Ordentliches, dann darfst du mitreden!« im Nachrang gehalten werden und ungeduldig darauf warten, endlich für »voll« genommen zu werden. Nur: Solange man auf etwas wartet, gibt man anderen Macht, genau das zu verweigern. Man muss sich selbst für voll nehmen und das bedeutet, sich immer wieder aus sich selbst zu füllen. Wie man das tut, steht im Kapitel »Überleben im Kakteenhain«.

Im Bemühen, andere zu deklassieren, schreibt der Wiener Soziologieprofessor Roland Girtler, zeigen sich universelle Regelmäßigkeiten, und er zählt auf:[60]

- Die »besseren« und »nobleren« Leute haben stets eine Zahl von Theorien bereit, die anderen als die »Schlechteren« oder als »Bösewichte« abtun zu können (beispielsweise aufgrund ihrer »Rasse« oder Religion).
- Dazu verwenden die »Besseren« gerne Symbole und Rituale, vor allem eine besondere Sprache. Nicht nur eine Fachsprache, möchte ich beifügen, sondern vor allem auch so genannte Killerphrasen und einen Tonfall der Überlegenheit, wenn nicht Überheblichkeit.
- Auch wird oft durch abgesonderte Wohnorte »geografische Distanz« zu den »Unwürdigen« hergestellt; dass diese Strategie, ergänze ich, auch in der Arbeitswelt beliebtes Mittel zur Abgrenzung und damit Vermeidung von kritischer Beobachtung darstellt, wissen alle, die in großen Firmen gearbeitet haben.

- Tradition hat auch, dass die »besseren« Menschen die »schlechteren« für sich arbeiten lassen. Dieses Phänomen der Sklaven findet sich nach wie vor. Girtler schreibt: »So lassen sich ›Personen der Gerichte‹ ihre Autos, ihre Wohnungen und sogar ihre Kleidung von entsprechend ausgebildeten Strafgefangenen ausbessern und restaurieren.«

Die so abgewerteten Menschen hingegen entwickeln auch Gegenstrategien, weiß Girtler, indem sie entweder zeigen, dass sie Würde besitzen, oder indem sie den Kontakt abbrechen und ihrerseits mit dem Stachel der Missachtung reagieren – oder sie passen sich liebedienerisch an und, füge ich aufgrund meiner Erfahrungen hinzu, warten entspannt auf eine Gelegenheit der Revanche.

Listige, Lügner und Narzissten

Oft machen Menschen vergiftende Bemerkungen nicht in der Absicht, den anderen wirklich zu verletzen, sondern einfach, weil sie ignorant sind oder meinen, etwas Amüsantes sagen zu müssen.

L. Glass[61]

Egal, ob jemand ein Duell mit der Keule oder mit feiner Klinge ausführt – man erkennt zumeist die Kampfabsicht; aber nicht jeder, der mit Worten, Tonfall, Mimik oder Gestik verletzt, beabsichtigt dies; meist ist ihm oder ihr diese Folge gar nicht bewusst, vor allem, wenn dies der von daheim gewohnte Kommunikationsstil ist.

»Alle Sprechenden sind Künstlerinnen oder Schöpfer, die

davon leben, dass sie ›Energie in Worte umwandeln‹. Jeder Mensch ist ein Künstler, jeder Mensch eine Schöpferin«, betont der kalifornische Philosoph und Theologe Matthew Fox.[62] Aber nicht jedes Kunstwerk ist salutogen – wohltuend. Wohltuende Kunst ist meist kitschig. Allerdings wusste schon Laotse: »Wahre Worte sind nicht schön, schöne Worte sind nicht wahr.«[63] Und oft sind sie nur Kopien, also auch nicht »echt«.

List ist schwer zu definieren: Teufelslist, Zaubertricks und Blendwerk werden dem Göttlichen und *guten* Wundern gegenübergestellt, schreibt Hugo Steger[64], und Gott braucht keine Tricks. Ursprünglich bedeutete das Wort List nur Geschicklichkeit, und so gibt es auch zwei Formen von List: eine positive im Sinne von Kunstgriff und eine negative im Sinne von bewusster Irreführung. Während sich Steger mehr mit den gesellschaftspolitischen Erscheinungsformen befasst, unterscheide ich wiederum danach, ob jemand anderem Energie gestohlen und auf diese Weise die leib-seelisch-geistige Unversehrtheit verletzt wird. Sich beispielsweise die Haare zu färben oder auch völlig abzurasieren, um attraktiver auszusehen, wäre eine positive List – sie stärkt einen selbst und schädigt andere erst, wenn durch beispielsweise zusätzliche Angabe eines falschen Geburtsdatums bei einer Bewerbung altersentsprechendere Konkurrenz aus dem Weg geräumt wird. »Es ist vielmehr eine in der Natur häufig vorkommende und auch von uns weiterbenutzte Handlungsform, durch die sich Individuen mit Hilfe verschiedener Mittel wie Farben, Haltungen, Bewegungen und anderen kommunikativen Signalen listig verstellen, tarnen und täuschen, um Überlebensvorteile zu gewinnen.«[65] Wir kennen diese Schutzstrategien auch von manchen Kakteengewächsen, die z. B. ihre Blätter bis zur völligen Blattlosigkeit verringern oder aber blattartige

Flachsprossen als Blattersatz oder kugelförmige Körperformen entwickeln, die bei einer Minimierung der Oberfläche im Verhältnis zum Volumen eine Verringerung der Verdunstung erreichen.[66]

Im Gegensatz zu solch listigen, vielfach sogar lustigen Irreführern ohne Schädigungsabsicht stehen die mehr oder weniger bewussten Lügner. Im Kakteenreich entsprechen ihnen diejenigen, die die Mimese beherrschen wie etwa die Entwicklung giftiger Inhaltsstoffe oder die Vortäuschung dürrer Grasbüschel zur Abwehr von Pflanzenfressern.[67] Nun sind Menschen aber mit viel mehr Abwehrmöglichkeiten ausgestattet als Pflanzen oder Tiere, und eigentlich sollte eine respektvolle Erklärung der eigenen Reviergrenzen genügen; in »Erklärung« steckt der Begriff der Klarheit drin, aber genau damit haben viel Menschen Schwierigkeiten: Sie sind nicht authentisch, d.h. sie geben Doppelbotschaften von sich: »Man lügt wohl mit dem Mund, aber mit dem Maul, das man dabei macht, sagt man die Wahrheit«, zitiert der Psychiater Joachim Gneist Friedrich Nietzsche.[68]

Doppelbotschaft bedeutet nicht unbedingt Lüge; sie bedeutet, dass zwei gleichzeitig vorhandene, aber widersprüchliche Gefühle merkbar werden. Nicht unbedingt für den Sender der Botschaften, denn zumeist wird eine der beiden Botschaften verleugnet oder, wenn sie überhaupt nicht bewusstseinsfähig ist, sogar verdrängt (was bedeutet, dass keinerlei Wahrnehmung vorhanden ist, selbst im Entspannungszustand nicht, und nur durch Zufall irgendwann einmal plötzlich erinnert wird).

So führte ich einmal ein Konfliktgespräch mit einem potenziellen Klienten, der sich sehr sachlich und beherrscht gab; dennoch war für mich deutlich spürbar, dass er sich stark ärgerte. Als ich nachfragte, »Sie ärgern sich jetzt?«, explo-

dierte er: »Ich ärgere mich überhaupt nicht!«, um etwa fünf Sätze später zuzugeben: »Ja, das hat mich vorhin geärgert!« Er brauchte zuerst die Erfahrung, dass ich seine spontane Abwehr eines für ihn nicht zulässigen Verhaltens – ein Topmanager ärgert sich doch nicht! – ruhig akzeptierte, um sich ein wenig Selbstwahrnehmung zu gestatten.
Noch weniger der Wahrheit nahe sind Abwehrsätze wie »Du siehst das falsch!« Diese Aussage ist absolut unwahr. Wahr (und auch respektvoll) müsste sie lauten: »Ich sehe das aber anders als du!« oder gar: »Mir ist nicht recht, wie du das siehst!« Denn man kann die Dinge nur sehen, wie man sie selbst sieht – jede Person aus ihrem spezifischen Blickwinkel. Den zu teilen gelingt nur über absolute Einfühlung. Denn selbst wenn man sich jemandem auf den Schoß setzt, befindet man sich weiter vorn und höher, hat daher nicht denselben Ausblick.
Respekt, Wertschätzung leben – das sind vielen zwar vermeintlich Zauberworte, tatsächlich aber nur Appelle. Erst die gelebte Praxis lässt Stacheln und Sticheln unnötig werden. Als Phrasen dienen sie der Selbstbelügung und damit der Abwehr von Selbsterkenntnis. Selbstoffenbarung hingegen erklärt die innerliche Befindlichkeit.
Bei den Kakteen gibt es welche, die Rippen oder Warzen zur Flexibilisierung des Körpervolumens, zur Stabilisierung der Körperform und zur Selbstbeschattung entwickeln.[69] Der Selbststabilisierung und Selbstbeschattung – oder besser: Selbstbeglückung – dienen auch all die Verhaltensweisen, die in Fach- wie Alltagssprache als narzisstisch bezeichnet werden.
»Egozentrische Menschen, die sich in ihrem Narzissmus gekränkt oder verletzt fühlen, werden von unstillbarem Hunger nach Verehrung dazu getrieben, bei Dritten eine ›Nahrung‹

für ihre Eigenliebe zu suchen – als gäbe ihnen die Abwertung anderer in ihren Augen neuen Wert«, weiß der Psychoanalytiker Alberto Eiguer.[70] Narzissten pflegen ihre Ideen von der eigenen Größe – die ihrer Meinung nach von einer unverständigen Umwelt nicht genügen gewürdigt wird – und nehmen sich so die wohltuende Entspannung, die einer realistischen Selbsterkenntnis und Selbstanerkenntnis folgen könnte. Realistisch bedeutet auch: jetzt. Narzissten leben aber lieber in einer womöglich tatsächlichen – beispielsweise als Star im Kreis der KlassenkollegInnen – ruhmreichen Vergangenheit, oder sie träumen vom zukünftigen Erfolg. Dass dabei andere Menschen nur als applaudierendes Publikum ihre Daseinsberechtigung gewinnen, ist leicht erklärbar: Aus seiner Sicht schulden ihm die anderen Ausgleich für den Schmerz der fantasierten Ungerechtigkeiten. Narzissten beweisen zu wollen, dass dieser Schmerz »nur« Enttäuschung darüber darstellt, dem eigenen Ich-Ideal nicht zu entsprechen, würde wohl als Aufforderung zum Kampf interpretiert, wessen Wahrheit wahr ist, bzw. als Versuch der Besserwisserei.

Besserwisser

Die Kritiker scheinen nicht zu spüren,
dass sie Scharfrichter spielen
und auf Verstand wie auf Herz der Autorin zielen.
T. Moser[71]

Besserwisser sind wie Brennnesseln. Hält man seine Haut bedeckt, wenn man mit ihnen in Kontakt kommt, wird es zu keinen Verletzungen kommen, ganz im Gegenteil kann man

sogar nährenden Nutzen ziehen; achtet man aber nicht auf entsprechenden Schutz, gibt es Schmerzen und Quaddeln.
Besserwisser können nur Energie zapfen, wenn man ihnen Aufmerksamkeit schenkt, beispielsweise durch höfliches Nachfragen oder indem man sich in eine Diskussion mit ihnen einlässt; üblicherweise aber wollen sie sich interessant oder wichtig machen und drängen einem dabei ihre mehr oder weniger giftige Energie auf.
Als ich in den 1990er Jahren, als ich mit einer eigenen Rundfunksendung und regelmäßigen TV-Auftritten eine Art Medienstar war, vom Kulturverein Goldegg wiederholt zu Seminaren eingeladen wurde, erlebte ich bei solch einem Seminar, das am Freitag Abend startete und bis Sonntag Nachmittag dauern sollte, dass mich ein Teilnehmer, der sich als Trainer vorgestellt hatte, in der ersten Pause am Samstag mit dem Satz »So geht das aber nicht!« ansprach; als ich nachfragte, kanzelte er mich ab: »So kann man ein Seminar nicht halten!« Ich antwortete ihm darauf freundlich: »*So* halte *ich* meine Seminare ab.« (Dabei verzichtete ich bewusst auf das Pfauenrad, mich mit meiner Qualifikation als zertifizierte Erwachsenenbildnerin und langjährige Universitätslehrerin in Konkurrenz zu setzen – es wäre ein Überkompensationsversuch und damit ein Zeichen von Schwäche gewesen.)
Der weltberühmte deutsch-amerikanische Pädagogikprofessor und Mitglied des Club of Rome, Frederick Mayer, erklärte einmal in kleinem Rahmen seine Beobachtung: »Die österreichische Krankheit ist der Neid!« Ich habe das damals angezweifelt. Heute meine ich: Es ist wohl ein Überbleibsel des Vielvölkerstaates der kaiserlich-königlichen Monarchie, in dem jede Ethnie die andere neidisch auf vermeintliche Bevorzugungen oder Benachteiligungen beäugte und auf die anderen herabsehen wollte, um ihr Selbstwertgefühl als

»die Besseren« zu stabilisieren. Vielleicht liegt es aber auch an dem traditionell katholischen Erlösungsverständnis, sich durch gute Werke seinen Platz im Himmelreich verdienen zu können, dass immer eine unsichtbare Jury mitgedacht wird, vor der man gut dastehen will – und sei es auch dadurch, dass man andere heruntermacht.

Wer übelredenden Neidern entgegentritt oder an Tabugrenzen gerät, muss damit rechnen, von Laien-Besserwissern psychoanalysiert oder anderwärtig attackiert zu werden. Ich habe es sehr anerkennenswert gefunden, als der renommierte Freiburger Psychoanalytiker Tilmann Moser dem vernichtenden Verriss des Romans »Engel sind schwarz und weiß« von Ulla Berkéwicz, in dem es um die Aufarbeitung der Persönlichkeitsentwicklung eines jungen Mannes im Nationalsozialismus geht, eine tiefenpsychologisch entschlüsselnde Gegenrezension in Buchform entgegensetzte. Er beschrieb darin auch, in welches Schlachtfeld einander bekämpfender Sichtweisen er geraten war. So unterstellte ihm eine Freundin überquellende Kampf- und Vernichtungsmetaphorik, affektive Verzerrungen, Durchblickertum (was auch immer das sein möge), gönnerhafte Oberlehrermentalität, Lust an Entlarvungspointen und anderes mehr.[72] Moser erkennt einen »Kreislauf der Wut« und nimmt an: »Der Beifall für diesen Text wird von Leuten kommen, die sich immer schon an Schlammschlachten erfreuten, wenn sie sich selber sauber raushalten konnten.«[73] Das Wesentliche schien ihm aber doch, dass ihn dies alles auf die »wandernde Infektion durch den Hass« aufmerksam machte, denn: »Damit meine ich, dass der Geist des Nationalsozialismus so destruktiv und so voller Häme, Entwertung und Vernichtungswillen ist, dass er oft noch die zu infizieren versteht, die sich ihm kritisch oder wissenschaftlich nähern, und dann die, die über deren

Schriften schreiben, und zuletzt die, die sich über die Kritik an den Wissenschaftlern und Romanciers äußern.«[74] Moser ortet in der Heftigkeit der Debatte die Unwilligkeit, sich mit dem »Faschismus in uns« auseinanderzusetzen.

Moser nimmt sich selbst dabei nicht aus, wenn er beschreibt, wie es ihm erging, als er in Unkenntnis des medial stark beworbenen Romans noch den unfreundlichen Rezensionen folgte: »Doch meine niederen Instinkte waren geweckt: Ich kann Häme genießen, wenn sie berechtigt ist. Fällt man ihr jedoch ohne wirklichen Grund zum Opfer, so ist Scham die Folge.«[75] Demgegenüber schreibt der äthiopisch-deutsche Unternehmensberater Asfa-Wossen Asserate in seiner Expertise über deutsche »Manieren«: »Der Gipfel der Vulgarität wird nicht schon beim Aussprechen von der eigenen Überzeugung bei nicht entsprechenden Argumenten betreten, sondern beim Ausbleiben jener Schande und jenes Elends in der darauffolgenden einsamen Nacht, wenn es also gelungen ist, das Gewissen endgültig zum Schweigen zu bringen. Und so meine ich fortfahren zu können, dass eine wichtige Voraussetzung der Vulgarität die Unfähigkeit ist, sich schuldig zu fühlen.«[76]

»Vernichtende Verrisse haben etwas Beruhigendes«, ätzt Moser voll Ironie, »der Gerechtigkeit ist wieder einmal Genüge getan, eine Anmaßung hat ihre Strafe gefunden!« Denn: »Das Fragment eigenen Vernichtungswillens, das fast jeder in sich trägt, ist stellvertretend befriedigt worden. Erledigte Möchtegern-Genies sollen uns nicht weiter behelligen.«[77]

Ähnlich schreibt der unorthodoxe Wiener Soziologieprofessor Roland Girtler in seinem Buch »Bösewichte« über die Niedertracht der Rezensenten und Kritiker: »Üble Niedertracht findet sich bei all denen, die als Kritiker über Leute losziehen, die Bücher schreiben, im Theater oder im Fernsehen auftreten und die auch sonst in der Öffentlichkeit stehen, sei es als Wissenschafter, Künstler oder Politiker. Kritiker unternehmen viel, um sich gegenüber den Kritisierten als die gescheiteren, weiseren und hochwertigeren Leute darzustellen.« Dass darunter sogar Goethe zu leiden hatte, beweist Girtler, indem er dessen Satz »Schlagt ihn tot, den Hund, er ist ein Rezensent« zitiert.[78]

Ich habe in meiner mehr als 40-jährigen Praxis unzähligen KünstlerInnen, aber auch PolitkerInnen psychotherapeutisch wie auch beratend beistehen dürfen, wenn die medialen Giftpfeile auf sie niederprasselten, abgeschossen meist von Personen, die selbst gerne deren »Bühne« für sich erobert hätten. Ein Kollege, Verhaltenstherapeut, fällt mir ein, der bei einer Podiumsdiskussion über Psychotherapie und Politik, die sich leider nur um ein fantasiertes Psychogramm von Politikern drehte, auf die entsprechende Frage selbstgefällig zugab, dass er sich gut und auch gern am Rednerpult des Nationalrats sehen könnte. Ich saß damals im Publikum, dachte an meine eigenen Erfahrungen aus 15 Jahren Mandatarschaft für die damalige Regierungspartei, und dass der Herr Kollege sich unter Politikersein narzisstische Energiezufuhr vorstellte, nicht aber den aufwändigen Energieeinsatz für Menschen, Ideen und Ziele.

Giftpfeile schwirren vor allem in den so genannten Freien Berufen umher, vielleicht heißen sie auch deshalb frei, weil jeder jeden als Freiwild betrachtet. Als ich an der Universität Wien »Didaktik der Gewaltprävention« lehrte, berichteten mir LehramtsstudentInnen, die sich an der Akademie der Bildenden Künste für den Kunstunterricht ausbilden lassen wollten, wie ein Professor regelmäßig ihre Skizzen zerriss und in den Papierkorb schmiss, weil sie »Mist!« wären. Ich war damals entsetzt: Abgesehen davon, dass in jedem dieser Entwürfe Herzblut und Energie der Kunstschaffenden enthalten war, er also »pars pro toto« (den Teil für das Ganze, übrigens ein uralter Schadzauber) vernichtete – was er in Abwehr der nachrückenden Jugend vielleicht auch unbewusst beabsichtigte –, widerte mich die Selbstherrlichkeit an, sich selbst zum Maß aller Dinge zu machen, ohne einen einzigen Gedanken darauf zu verschwenden, dass die zerstörten Werke ihren Schöpfern vielleicht Geld hätten einbringen können, vielleicht sogar Anerkennung auf dem Kunstmarkt.

Tilmann Moser resümiert selbstironisch und stellvertretend für alle, die dieser Verlockung erliegen: »Schadenfreude verschönte mir den Tag: Die Reichen, die Mächtigen und die Schönen waren wieder einmal in ihre Schranken verwiesen.«[79] Ich ergänze: und die Jungen. Die Neuankömmlinge, die, die emporkommen wollen. »Deutschland sucht den Superstar« – und Dieter Bohlen darf sich des höhnischen Gelächters sicher sein, wenn er dem Sängernachwuchs in groben Worten Talentlosigkeit vorwirft. »Nur Pferden gibt man den Gnadenschuss« hieß ein dokumentativer Film, in dem junge Tanzpaare sich bis zum Kollaps drehen mussten – und niemand das Unmenschliche solcher »Vorführungen« kritisierte. »Selber schuld, wer hat ihnen angeschafft, da mitzutun!«, heißt dann das Stich-Wort, dabei wären da die Besserwisser aufgefordert, sich in Widerpart zu begeben.

Tilmann Moser tut es. Er schreibt: »Dann las ich in den Sommerferien 1992 den Roman und kam nicht mehr von ihm los. Er wühlte mich auf, spiegelte mir in Ansätzen die immer gefürchtete eigene Bedrohung durch den Nationalsozialismus, hätte ich ohne die vielverlachte ›Gnade der späten Geburt‹ gelebt. Vieles aus dem eigenen Familienhintergrund wurde lebendig, viel mühsam überstandene Pubertät stieg beklemmend aus den Seiten, viel intellektuelle Verführbarkeit wurde

deutlich, die nur langsam, und auch nur durch Psychoanalyse, einer allmählichen Aufhellung gewichen war.«[80]
Eine Abart der Besserwisser sind die Auchwisser, eine subtile Form von Konkurrenzierung. Dass sie einem Energie stehlen wollen, merkt man daran, dass man nach Kontakt mit ihnen ein eigenartiges Gefühl des Energieabfalls erlebt; das spürt man dann oft im Sonnengeflecht. Der österreichische Volksmund sagt, es »magerlt« einen.
Ich erlebe solche »Anmache« häufig nach meinen Vorträgen, wenn sich irgendjemand aus der Zuhörerschaft an mich heranmacht und mich fragt, ob ich irgendwelche KollegInnen kenne, »weil die haben das, was Sie gesagt haben, auch gesagt«. Dann sage ich meistens trocken: »Wahrscheinlich haben sie meine Bücher gelesen.« Oder sie kommen und sagen, ich sehe irgendjemandem ähnlich, den sie kennen. Oder wenn jemand behauptet, ich wäre seit Jahren Kundin in ihrem Geschäft – nur war ich noch nie in einem Bastelgeschäft und schon gar nicht in dieser Stadt, die sich weit weg von all meinen Wohnorten befindet. Peinlich wird es dann – und das wurde es schon –, wenn ein mir völlig unbekannter Mann behauptet, mit mir einmal ein Verhältnis gehabt zu haben, meinen Protest nicht gelten lassen will und erst nach Abgleichung biografischer Daten erkennt, dass er mich mit einer Namenskollegin – und davon gibt es zwei in Österreich – die zehn Jahre jünger sein muss, verwechselt.
Hier handelt es sich eindeutig um Wichtigmacherei, um durch Aufmerksamkeit genährt zu werden, vielleicht auch um Umstehenden zu imponieren – und möglicherweise rechnen diese GrenzverletzerInnen damit, dass man ihnen aus Höflichkeit oder Verwirrung nicht widerspricht und sie mit einer quasi virtuellen Trophäe von dannen ziehen können.

Pseudokakteen: SozImps

Von Vieren wendet Gott sich ab: von den Spöttern,
den Lügnern, den Heuchlern und den Verleumdern.
Talmud[81]

»SozImp« bedeutet in meinem Sprachgebrauch »sozial Inkompetente«. In den letzten Jahren haben sich Begriffe wie »emotionale Intelligenz« oder »soziale Kompetenz« verbreitet, und üblicherweise werden darunter die Beherrschung partnerschaftlicher Kommunikations- und Konfliktlösungstechniken verstanden, aktives Zuhören etwa oder »GfK«, was gewaltfreie Kommunikation bedeutet (die es aus meiner Sicht nicht gibt, denn ohne dass man etwas vom anderen will – und wenn es nur ist, dass er oder sie einen in Ruhe lässt –, gibt es keine Kommunikation, ganz im Sinne des »man kann nicht nicht kommunizieren« von Paul Watzlawick).

Soziale Kompetenz ist ein häufig angebotener Seminarschlager geworden; als so genannte »Schlüsselqualifikation« wird sie vielfach in Stellenangeboten gefordert, und so werden Aufstiegswillige in den passenden »social skills« trainiert, ohne dass je hinterfragt wird, wie es zu sozialer Inkompetenz kommt. Die wird nämlich indirekt als Durchsetzungsvermögen, koste dies, was es wolle, verlangt.

Immer wieder coache ich Unternehmer, die ihre Firmen in Kapitalgesellschaften umwandeln oder überhaupt verkaufen, in der Hoffnung, als Geschäftsführer ohne das unternehmerische Risiko weiterwerken zu können wie bisher. Meist dauert es ein halbes Jahr, bis sie von den neuen Machthabern mehr oder weniger brutal abgelöst werden und dann nicht weiterwissen. Die Brutalität dieser Freisetzungen hat öfters

mafiöse Filmreife – unnötigerweise. Soziale Kompetenz besteht darin, salutogen – die Gesundheit schonend – mit anderen umzugehen. Nachdem dazu die Vorbilder fehlen – außer eben die mafiösen aus Film und Fernsehen – und noch dazu solche Aufgaben meist mit abgewehrten Schuldgefühlen einhergehen, die mit Kälte oder Härte überkompensiert werden, fühlen sich die Geschassten wie erstochen.
Eine Abart findet sich in den verletzenden Formen der Beendigung von privaten Freundschaften oder Liebesbeziehungen. Letztere werden neuerdings oft per SMS oder E-Mail aufgekündigt – wenn überhaupt. Angst vor Stressgesprächen, Mangel an Vorbildern und schlichte Feigheit nehmen so dem Partner oder der Partnerin die Möglichkeit des freiwilligen Entgegenkommens. Zumeist unterstellen sie, die andere Person würde sich »unmöglich aufführen« – was einerseits die Selbstdefinition der Person zerstört, andererseits etwas in die Zukunft projiziert, was vorerst eine Unwahrheit ist.
Soziale Kompetenz erfordert aus meiner Sicht nicht unbedingt Empathie – und schon gar nicht die tiefe psychotherapeutische Einfühlung – und auch nicht Schonung, sondern nur die Bereitschaft, die schockierenden Nachrichten zu portionieren und den eigenen Selbstausdruck zu kontrollieren.
Ich unterscheide SozImps als solche[82],

- die aus reiner Überlebensnotwendigkeit inkompetent agieren; sie »beißen« unbedacht spontan wie Tiere und sind bass erstaunt, wenn sie realisieren, was sie bei anderen angerichtet haben. Dann bemühen sie sich auch gleich um Schadensbegrenzung bzw. seelische »Erste Hilfe«, im Gegensatz zu denen,
- die sich unbewusst von selbst erlittenen Verletzungen heilen wollen; diese neigen zur Fahrerflucht, streiten ihr Verursachertum ab und verleugnen auch die Folgen ihres

Handelns, finden auch meist Unterstützung durch andere, denn von dieser Art gibt es viele.
- Und dann gibt es diejenigen, die einfach versuchen, Macht auszuüben. Dazu liefern Diskussionen von Politikern überreiche Beispiele.

Als ich noch Kommunalpolitikerin war[83] und alle nur möglichen Politschulungen absolvierte, saßen wir »Nachwuchshoffnungen« unter anderem auch im Sprachlabor und übten »Soziologensprache«.[84] Wenn wir nämlich im Wahlkampf mit gegnerischen Personen sprechen müssten, die ungebildeter wären als wir, sollten wir uns dieser Wissenschaftsrabulistik bedienen; hätten wir es aber mit Menschen zu tun, die gebildeter wären als wir, sollten wir möglichst ordinär »aufdrehen«. Später habe ich dann genau das miterlebt, als ein hochrangiger Gewerkschafter einem adelig-eleganten Bankdirektor brutal ins Gesicht kotzte, »Da werd' ich Ihnen aber den Arsch aufreißen!« Der feine Herr erblasste und wusste nicht zu antworten – solch ein Sprachschatz stand ihm nicht zur Verfügung. Dabei war es bloß als taktisches Spiel inszeniert und weder als Kriegserklärung noch Mordversuch geplant. Wie ich heute als Psychotherapeutin und Salutogenergethikerin weiß, hat diese Verbalattacke dennoch die leibseelisch-geistige Integrität des so Angegriffenen geschädigt und ihm Energie geraubt.
Man kann Politik auch machen, ohne andere zu demütigen. Leider benützen diejenigen, die sachlich-ideologisch nicht engagiert sind, die Methode »Kasperl haut das Krokodil«, um die höhnischen Lacher auf ihre Seite und sich selbst in die Medien zu bringen – eine andere Art von »Volksvertreter«, nämlich derjenigen Teile des Volkes, deren unausgelebte Schadenfreude sie stellvertreten.

Echte Kaktusmenschen

Sich dem Dialog zu entziehen ist eine geschickte Art,
den Konflikt zu verschärfen und ihn dabei
dem anderen in die Schuhe zu schieben.
M.-F. Hirigoyen[85]

Im Gegensatz zu denjenigen, die mit ihren Sticheleien seelischen Parasitismus betreiben, also sehr wohl von Gefühlen des Mangels, der Ohnmacht und der Kompensationsbedürftigkeit motiviert werden, verbirgt sich im Seelenabgrund des echten Kaktusmenschen eine so tiefe seelische Verletzung, dass die diagnostische Bezeichnung Psychopath – pathos, das Ungemach, Leid, aber auch das Gefühl vom altgriechischen pas-chein, leiden – gerechtfertigt erscheint.
Der Kaktusmensch hat jedes Fühlen, daher auch Mitfühlen, in sich abgetötet. Er muss schon sehr verliebt oder sehr wütend sein, dass Gefühle hinter seiner oder ihrer verbindlichen Maske hervorbrechen. Danach ist er auf die Personen – und in seiner verleugneten Wirklichkeit auf sich selbst – böse und verweigert sich jedem klärenden Gespräch, weil diese ihn aus seiner Sicht zu seiner Entgleisung »bewegt« haben.
Alexithymie, die Unfähigkeit, eigene wie auch fremde Gefühle wahrzunehmen, ist laut Weltgesundheitsorganisation WHO als Phänomen im Zunehmen. In Deutschland soll nach Aussagen von Klinikern bereits jeder Zehnte davon betroffen sein.[86] Aber erst wenn sich dieses Fühlunvermögen mit »Herabsetzungsdrang« (Peter Sloterdijk[87]) paart, kommt es zu »Worten, die wie Schläge sind« – so der Titel eines Buches von Patricia Evans. Sie zählt zu verbalen Misshandlungen neben Sich-Entziehen, Widersprechen, Entwerten und

Trivialisieren[88] beispielsweise gereizte Ausbrüche, spöttische Bemerkungen, Streitsucht, Wutanfälle, Anschreien, Explodieren und Sarkasmus. Aber auch die gesamte Körpersprache, die mit Wut und Ärger einhergeht, inklusive der erhobenen Faust; aber auch jeder körperliche Angriff, jede Zerstörung von Eigentum des anderen dient der Spannungsabfuhr auf Kosten eines anderen.[89]

Was nun den echten Kaktusmensch von anderen Seelenverletzern unterscheidet, ist seine Unwilligkeit, aber auch Unfähigkeit, mit anderen in Austausch zu treten. Wo alle anderen versuchen, »in Beziehung« Energie zu gewinnen oder Energieverlust zu vermeiden, hält er sein Energiereservoir starr und damit unverändert. Von ihm bewusste Energiespenden zu erwarten und ihn dazu motivieren zu wollen, ist vergebliche Liebesmüh: Er kann es nicht, und falls er dies erkennt – und manche erkennen es wohl verstandesmäßig –, wird er den dazu nötigen ersten Wachstumsschritt kaum wagen, daher nicht machen wollen.

Patricia Evans vertritt die Sichtweise, dass Menschen in zwei getrennten Realitäten leben können: Die eine basiert auf Beherrschen und Dominieren von anderen, die andere auf Gegenseitigkeit und kreativem Miteinander. Das Problem der seelischen Verletzungen ergibt sich dann daraus, dass diese beiden Weltsichten nicht erkannt und nicht unterschieden werden, und dass jenen Menschen, die bereits partnerschaftsfähig sind, ausreichend Selbstachtung fehlt, um sich der Kampfideologie nicht zu unterwerfen.[90] Anders formuliert: Sie lassen es zu, dass ihre Realität – ihr Verhalten, aber auch ihre Identität – durch einen Kaktusmenschen definiert wird.

»Die meisten Männer, die verbal misshandeln«, schreibt die Autorin, »sind erfüllt von innerer Spannung, die sie perio-

disch und unvorhersehbar durch Wutausbrüche gegen die Partnerin ablassen.«[91] Aber nicht nur die Partnerin, sondern auch die Mitarbeiterschaft im Beruf bekommt solche »Störgeräusche« zu spüren.
Frauen vermeiden üblicherweise solche Abweichungen vom traditionellen Rollenbild und ersetzen Wutworte durch sublime Sticheleien, außer sie hatten schon in der Kindheit das Vorbild der Wutfrau analog zu dem des Wutmannes. Dieser gehört traditionell zum Repertoire des soldatischen Mannes (Soldaten Gottes inbegriffen); mit einem solchen verhandeln zu wollen, ist weitgehend sinnlos, denn diese Arbeit gehört ins Rollenbild des Diplomaten. So weiß auch Patricia Evans, was passiert, wenn man sich ihm gegenüber verteidigt oder rechtfertigt: »Es kommt der Realität des Misshandlers einen Schritt entgegen. Er denkt dann, die Partnerin sei in seiner Realität, in der Gefechte normal sind, und beginnt, sie richtig zu bekämpfen. Sich zu entschuldigen wäre das Allerletzte, was ihm einfiele.«[92] Genau deswegen betont die französische Viktimologin Marie-France Hirigoyen, dass man nicht vergessen dürfe, dass die Person, die in solch einer ausbeuterischen Beziehung lebt, »unter einer Beziehung leidet, für die sie nicht verantwortlich ist.« [93]
Hirigoyen bezeichnet diese Art, andere zu destabilisieren, als perversen Angriff, beruhend auf einem Prozess psychologischer Zerstörungswut: »Durch scheinbar harmlose Worte, durch Anspielungen, Einflüsterung oder Nichtausgesprochenes ist es in der Tat möglich, jemand zu destabilisieren oder ihn sogar zugrunde zu richten, ohne dass die Umgebung eingreift. Der oder die Angreifer ›kommen groß raus‹, indem sie die anderen herabsetzen und gleichzeitig sich jeden inneren Konflikt oder Gemütsbewegung ersparen, indem sie dem anderen die Verantwortung zuschieben für das, was

nicht klappt: ›Nicht ich, der andere ist verantwortlich für das Problem!‹ Keine Schuld, kein Leid. Es handelt sich hier um Perversität im Sinne der seelischen Perversionen.«[94] Misshandler blocken jegliche Diskussionen ab, weil sie nicht bereit sind, andere auf gleicher Ebene anzuerkennen. Dennoch rührt diese Perversität nicht von einer psychiatrischen Störung her, wie Hirigoyen betont, sondern von einer »kühlen Rationalität, verbunden mit der Unfähigkeit, die anderen als menschliche Wesen zu betrachten.«[95]

In dem Film »Gaslicht« und seinem Remake »Das Haus der Lady Alquist« versucht der kriminelle Ehemann seine Frau mittels der Methode »Crazy Making« loszuwerden: Er bestreitet vehement ihre Wahrnehmung, dass er gezielt Gegenstände verschwinden lässt. Im Alltag stellt dies eine beliebte Mobbing-Strategie dar. Aber während hier ein übergeordnetes Ziel – die Abschiebung der störenden Ehefrau in die Psychiatrie – verfolgt wird, betreiben Kaktusmenschen Crazy Making aus Oberflächlichkeit, weil sie sich gar nicht mit der Wahrnehmung anderer auseinandersetzen wollen. Sie sind ihnen »nicht der Rede wert«. Die Idee, von solch einem vermeintlichen »Untermenschen« bereichert werden zu können, liegt nicht in ihrem Denkrepertoire. Die Ausrede Zeitmangel ist Selbst- wie Fremdtäuschung; wäre der abgewehrte kommunikative Austausch mit der Erwartung von Lustgefühlen verbunden, wäre er sehr wohl willkommen.

Oft werden diese Perversen, die sich an der Demütigung anderer stabilisieren, beneidet, weil man ihnen Überlegenheit zuspricht, da nie sie es sind, die leiden. Taucht auch nur der winzigste emotionale Impuls auf, der ihre scheinbare Gleichmut erschüttern könnte, wird er in Hochmut, Wut oder Hass umgewandelt. Das bedeutet nicht, dass solch ein Kaktusmensch nicht auch positive Gefühle haben kann – auch

Kakteen blühen gelegentlich! –, nur sind es dann stechende Leidenschaften. Das wird dann oft für Stalking gehalten, ist es aber nicht; Stalking ist charakterisiert durch eine verquere Suche nach energetischer Zuwendung und durch Nicht-los-lassen-Können. Wenn ein Kaktusmensch entbrannt ist, lässt er einfach seinen Energieüberschuss los. Wie das bei der oder den anderen ankommt, bedenkt er nicht; manchmal erfühlt er es, weiß dann aber keine Umgangsform (und nachfragen kommt für ihn nicht in Frage).

Selten, aber doch, gibt es Menschen, die sein Energiebombardement sogar zu schätzen wissen. Denen traut er nicht, tauchen doch sogar Vermutungen (und Projektionen) auf, dass die irgendetwas von ihm erwarten könnten, was er nicht geben kann, daher auch nicht will. KakteenliebhaberInnen sollten sich daher klar sein: Auch wenn sie noch so sehr mit einem »grünen Daumen« gesegnet sein sollten – der Kaktus wird sich ihnen kaum zuneigen wie andere Pflanzen. Dazu ist er – seelisch – nicht flexibel genug.

»Dennoch drückt sich der begierige Gefühlshunger des Psychopathen nicht in einer Suche nach Liebe aus«, erklärt Alberto Eiguer. »Er versucht nicht, sich anderen zu nähern und einen warmherzigen Umgang zu genießen. Seine sozialen Kontakte bleiben oberflächlich, er lässt sich kaum darauf ein und hat die Gewohnheit, Beziehungen leicht wieder aufzugeben, ohne dass es ihm etwas auszumachen scheint. Infolgedessen ist er sehr mobil: Er kann von einem Tag auf den anderen das Milieu, die Institution, den Wohnort wechseln. Es gibt wenig, was ihn zurückhält.«[96]

Diese Mobilität verschafft ihm auch Bewunderung – von all den Menschen, die Bindungslosigkeit propagieren. Das sind vor allem Arbeitgeber, die den »flexiblen Menschen« (Richard Sennett[97]) hochloben, weil sie dem dann auch destruktive

Veränderungen wie Trennung von Angehörigen zumuten können; Bewunderung aber auch von denen, die denjenigen auf solch eine Propaganda hineingefallen sind und daher ihre eigene Bindungstreue verachten.

Weshalb immer mehr Menschen Dornen und Stacheln wachsen

Die Schattenseite eines patriarchalen Gottesbildes,
die uns zum Sündenbock macht, drückt sich so aus:
»Ich muss etwas Schlechtes getan haben,
warum wäre ich sonst in solch einer Not?«
N. Schwartz-Salant[98]

Jeder Mensch braucht »Nahrung« – Energiezufuhr. Üblicherweise denkt man dabei an Essen und Trinken. Aber wie schon der weltberühmte Wiener Kinderpsychoanalytiker René Spitz in den 1920er Jahren anhand der Beobachtung von Säuglingen in einem Waisenhaus nachweisen konnte, reicht das nicht aus, dass sich Kinder störungsfrei entwickeln: Auch wenn sie altersentsprechend ernährt und gepflegt wurden, traten bei ihnen viel häufiger körperliche und emotionale Symptome auf als bei Kindern, die von ihren Bezugspersonen individuell beachtet und geherzt wurden. Spitz schloss daraus, dass die Kleinen unterstimuliert waren: Sie hatten zu wenig optische und akustische Herausforderungen, vor allem aber Körperkontakt und Liebkosungen. Es fehlte ihnen emotionale Energie – die »Sonne im Herzen«.
Energie, so lernen wir in der Schule, zieht man aus der Verwertung von Nahrung oder direkt aus dem Sonnenlicht, das ja auch Pflanzen wachsen lässt und daher in ihnen wie auch in allem Pflanzenfressenden enthalten ist, im Holz und natürlich auch in allem, was Wärme speichert und weiterleitet …

kurz aus der Veränderung von Materie, egal ob man jetzt Verdauung dazu sagt oder Verbrennung oder Kernspaltung …
Wenn Yogis oder deren getreue Anhängerschaft wie etwa Jasmuheen[99] behaupten, sich über Meditation von Sonnenlicht zu ernähren, werden sie als »verrückt« belächelt – und »verrückt« im wahrsten Sinn des Wortes sind sie ja auch, nämlich abseits der Alltagserfahrung.

Wie stark aber Herzenslicht liebender Menschen nähren kann, gehört heute auch oft schon zu Ausnahmeerfahrungen. Immer mehr Menschen werden wie schon erwähnt als alexithym diagnostiziert, was auf die Unfähigkeit der Gefühlswahrnehmung hinweist.

»Der Mensch lebt nicht vom Brot allein«, heißt es in der Bibel, und weiter: »sondern von einem jeden Wort, das durch den Mund Gottes geht.«[100] Gott ist die Liebe: »Deus caritas est.«[101] Und bei Matthäus heißt es: »Denn wo zwei oder drei versammelt sind in meinem Namen, da bin ich mitten unter ihnen.«[102] »In meinem Namen«: das heißt für mich »im Namen der Liebe«. Energie gewinnt man auch durch Zuwendung. Und die sollte schon während der Schwangerschaft einsetzen.

Unabhängig von lebensgeschichtlichen Krisen, die eine Schwangerschaft überdunkeln und gefährden können, kann man aber nur weitergeben, was man selbst besitzt. Wer selbst zu wenig oder falsche Zuwendung erhalten hat, wird sich da schwer tun.

Kinder können durch affektive Kälte und autoritäres Verhalten traumatisiert werden – und durch übermäßige Sinnlichkeit, die gefühlsmäßige oder perverse Wünsche der Eltern befriedigt, weiß der Psychoanalytiker Alberto Eiguer[103]. Die Ursachen solcher seelischer Miss-Handlungen in der Kindheit erklärt sein Kollege Joachim Gneist: »Jeder Mensch braucht – um mit sich in Übereinstimmung bleiben zu können – eine minimale Bestätigung: ›Wie ich bin, bin ich O. K.‹ Andernfalls kann er nicht er selbst bleiben, sondern muss jemand anderer werden.«[104] Wenn einen niemand so haben will, wie man ist, weiß der Psychotherapeut, dann verleugnet man schon früh sein eigenes Wesen, um sich Ablehnung, Neid und Unverständnis zu ersparen. Kommt allerdings einmal ein Verdacht auf, man dürfe endlich sein, wie man ist, folge in der Regel ein misstrauisches Gefühl von Fremdheit gegenüber sich selbst. Bei manchen Menschen ist das Eigenleben mehr oder weniger überschattet von dem Schicksal der vorhergehenden oder sogar vorvorhergehenden Generation, sodass ihre persönliche Entwicklungslinie von der früheren Katastrophe verwischt oder gar gebrochen ist. »Vielleicht knapp dem Tode entronnen, trinken Eltern in ihrem Durst nach Leben aus der Quelle ihrer eigenen Kinder«, schreibt Gneist, und: »Hier werden die Rollen von Kindern und Eltern vertauscht. Diese Kinder entwickeln kein Gefühl für die Grenzen zwischen sich und den Eltern.«[105]

Die Gefahr des emotionalen Missbrauchs von Kindern als Partnerersatz steigt dort, wo Partnerpersonen fehlen oder seelische und soziale Stützung verweigern – ein Problem vieler alleinerziehender Nachkriegsmütter, trefflich zu beobachten in der verklärten Mutter-Sohn-Beziehung in Erich Kästners Kinderbuch »Pünktchen und Anton«. Und vielfach wiederholt sich das in den Verlassenheitssituationen der Töchter dieser Nachkriegsmütter, deren Partner mangels männlicher Vorbilder von Wertschätzung, Beistand und Treue das Minimum an Zuwendung nicht aufbringen mochten, das zum Gelingen einer Partnerbeziehung und als Energiequelle für die eigene Nachkommenschaft – und natürlich füreinander auch! – erforderlich ist.

Stroke-Ökonomie

Wenn man schon zu wenig kriegt,
dann wenigstens zu oft.
Frank Senske[106]

In der Transaktionsanalyse wird energetische Zuwendung als »Stroke« bezeichnet: »Ein Stroke wird definiert als Einheit der Anerkennung. Dabei kann es sein, dass ich die Existenz des Mitmenschen zur Kenntnis nehme (natürlich in einer Weise, die für ihn wahrnehmbar ist), oder aber seine *Beschaffenheit* und *Eigenart*, oder auch sein *Verhalten* und seine *Leistung*« schreiben die Transaktionsanalytiker Ian Stewart und Vann Joines.[107] Sie zitieren als Beispiel dafür die Verweigerung einer Grußbeantwortung; dabei ist aber nicht das Aussteigen aus den üblichen Machtspielen gemeint, in denen eine bestimmte Grußform à la »Gib die ›schöne Hand‹!«, »Mach einen schöne Knicks!« eingefordert wird, sondern das absolute Ignorieren, wie dies beispielsweise auch eine beliebte Mobbing-Technik darstellt: Die eine Person grüßt, die andere reagiert überhaupt nicht. Es geht aber auch nicht um ein Ritual, sich manipulativ »sozial absättigen zu lassen«[108], sondern um die Botschaft »Ich habe dich wahrgenommen« und dauere sie auch nur einen sekundenschnellen Augenblick.
Eric Berne, der Begründer der Transaktionsanalyse, ergänzte daher auch den offiziell anerkannten Hunger nach Speis und Trank durch den von ihm so genannten »Stimulus-Hunger« – das gesunde Bedürfnis nach körperlicher und seelischer Stimulation. Im Gefolge der Gesundheitsdefinition der Weltgesundheitsorganisation WHO – Gesundheit sei mehr als nur die Abwesenheit von Krankheit oder Behinderung, sondern

vollkommenes körperliches, seelisches, soziales und spirituelles Wohlergehen – ist zu bedenken, dass es ebenso sozialen wie auch spirituellen Stimulus-Hunger gibt. Was ersteren betrifft, schreiben Stewart und Joines, dass auch Erwachsene sich nach Körperkontakt sehnen, aber lernen, sich anstelle dessen mit anderen Formen von Anerkennung zufriedenzugeben: »Ein Lächeln, ein Kompliment oder auch ein vorwurfsvoller Blick oder gar eine Beleidigung – all das zeigt uns doch, dass unsere Existenz zur Kenntnis genommen worden ist.« Dies heißt in der Sprache Eric Bernes »recognition-hunger«[109]: Hunger nach Kenntnisnahme. In meinem Sprachgebrauch erscheint mir das Wort Hunger zu intensiv, daher spreche ich lieber von dem Bedürfnis nach einem »antwortenden Du«[110].

Das erste antwortende Du hätten die Bezugspersonen der frühesten Kindheit zu sein – Eltern, Großeltern, Geschwister ... Tatsächlich sind diese aber abgelenkt durch Haushalts- und Berufspflichten oder nicht (mehr) im Wohnverband oder haben in ihrer eigenen Kindheit immer wieder gehört, man dürfe Kinder nicht verwöhnen, sonst würden sie, wie es heute gerne medienwirksam genannt wird, »Weich-Eier« oder »Warmduscher«.

Dass hier die männliche Sprachform zum Tragen kommt, zeigt, dass damit unausgesprochen das Vorbild des soldatischen Mannes propagiert wird, des Helden der Action-Filme und Egoshooter-Computerspiele, der hart am Rand oder mitten in der Kriminalität bar jedes Mitgefühls »über Leichen geht«. Motto: Waschbrettbauch contra Waschbärbauch. So sind es auch meist Jungen, denen diese »Anleitung zur Grausamkeit« angediehen wird, die sicherstellen sollte, dass die Männer in Nahkampfkriegen nicht desertierten, sondern sich in willigem Gehorsam als Kanonenfutter aufreiben ließen. Lernziel Disziplin – nicht Menschlichkeit.

Es gibt positive und negative Strokes. In der englischen Originalsprache bedeutet das Wort ja nicht nur das sanfte Streicheln, sondern auch den harten Zugriff wie z. B. den Backenstreich; die übliche deutsche Übersetzung mit »Streicheleinheit« ist daher unzulässig einseitig, denn Menschen reflektieren auf Strokes, egal ob angenehm oder unangenehm, Hauptsache es gibt überhaupt welche. Stewart und Joines formulieren: »Jede Art von Stroke ist besser als überhaupt kein Stroke.«[111] Der deutsche Volksmund kennt dieses Phänomen als »Rütteln am Watschenbaum« und die AdressatInnen eines solchen »Hilferufs« spotten dann gerne, es gehe ja »nur« um Aufmerksamkeit, und geben sich damit die Absolution, ihn zu ignorieren. Damit wird aber genau der Teufelskreis in Gang gesetzt, der »fortzeugend Böses muss gebären«, nämlich Verweigerung von Respekt und Humanität.

Auch kann man bedingte und bedingungslose Strokes unterscheiden. Bedingte Strokes sind Anleitungen, sich in Tauschgeschäften zu unterwerfen: »Wenn du deinen Brei nicht aufisst, hab ich dich gar nicht lieb!« oder, »Wenn du mich liebtest, dann wüsstest du, was ich mir wünsche« – Klartext: »Wenn du mich liebst, tust du, was ich will!«

In Märchen locken die dämonischen Verführergestalten die unschuldigen – nämlich des Bösen unkundigen – Jünglinge meist mit dem Satz »Es soll dein Schaden nicht sein!« Heute wird in der Arbeitswelt ebenso Geld und Prestige und letztlich Macht versprochen, wenn jemand über seinen Schatten – sein Gewissen – springen soll.

Eltern wie auch andere Erziehungsberechtigte hätten eigentlich die Aufgabe, solche Manipulationen zu enttarnen; tatsächlich manipulieren sie vielfach selbst, entweder aus Unwissenheit, weil sie es nicht anders erfahren haben, oder aus Strategie, weil es ihnen zum eigenen Vorteil gereicht.

So kommt es, dass die meisten Menschen schon als Kinder »fünf einschränkende Regeln über das Stroken«[112] beigebracht bekommen:

- Gib keine Strokes, auch wenn du gerne möchtest.
- Bitte nicht um Strokes, wenn du welche brauchst.
- Nimm keine Strokes an, wenn du welche willst.
- Lehne keine Strokes ab, wenn du sie nicht willst.
- Stroke dich nicht selbst.

Claude Steiner, von dem diese »Stroke-Economy« stammt, will damit den aus der Marktwirtschaft bekannten, hierin verborgenen Mechanismus aufzeigen, wie Strokes künstlich verknappt werden und so ihr Preis in die Höhe getrieben wird. So komme es, dass – ich ergänze: in der Ersten Welt – auch die meisten Erwachsenen sich so verhalten, wie es ihre Eltern von ihnen gefordert hatten, daher vielfach unter chronischem Stroke-Mangel leiden und viel Energie – Zeit, Geld, Beschaffungsmühen, denken wir nur an die Angebote der kosmetischen Chirurgie! – aufwenden, um zu Strokes zu kommen.

Es gibt aber auch eine zweite Verhaltensweise, mit diesem Stroke-Mangel umzugehen: ihn zu leugnen, abzuwerten, zu verspotten, anderen zu verbieten und an den – physischen wie psychischen – »Orten«, wo sich Impulse nach Austausch, Nähe und vielleicht sogar Zärtlichkeit »verkörpern« und »ausdrücken« wollen, abschreckende Abwehrstacheln wachsen zu lassen oder auch verborgene Dornen, die Berührungswillige schmerzhaft zurückschrecken lassen (sollen).

Ich denke dabei nicht nur an den Umgang in Nahebeziehungen zwischen Liebespartnern oder Eltern und Kindern, sondern an ebensolche in der Arbeitswelt, in der Kollegialität ebenso wie die gesetzlich vorgeschriebene »Fürsorgepflicht des Arbeitsgebers« oder die »Nicht-schaden-Verpflichtung« von Angehörigen von Gesundheitsberufen, Seelsorger inbegriffen, eigentlich selbstverständlich sein sollte.

Elternentbehrung

Liebe, Freundlichkeit und andere positive Emotionen sind offensichtlich nicht toxisch, sondern im Gegenteil überaus zuträglich und sogar heilend.
H. Braiker[113]

Ist nun dieser Mangel an »hinreichend guten« Bezugspersonen im ersten Lebensjahr und auch späterhin etwas, das sich erst in der zweiten Hälfte des 20. Jahrhunderts entwickelt hat, wie oft aus der Sicht konservativer Familienpolitik behauptet wird?
Oder liegt es an der so genannten »antiautoritären Erziehung«, dass immer mehr Menschen die gesellschaftliche Anpassung nicht schaffen, verweigern oder mit Gewalt erzwingen wollen?
Oder müssen Menschen, auf sich allein gestellt, zu Kaktusmenschen mutieren, um im täglichen Überlebenskampf nicht depressiv zu werden?
Wenn wir in die Geschichte zurückblicken wollen, stehen uns als Quellen neben den selten auf Wahrhaftigkeit überprüfbaren Selbstzeugnissen meist wohlbestallter männlicher »Spitzen der Gesellschaft« nur mehr oder weniger politisch gefärbte Dokumentationen und literarische Werke zur Verfügung; diese wiederum schildern entweder Idyllen oder

Missstände. Werke aus weiblicher Sicht fehlen weitgehend, werden aber doch zunehmend da oder dort entdeckt, weil feministische Forscherinnen danach schürfen; sie spiegeln leidvolle Anpassung und gelegentlichen risikoreichen Widerstand wider. Am ehesten noch kann man sich aus Gerichtsakten oder Arztaufzeichnungen ein halbwegs zeitgerechtes Bild machen: Man darf ja nicht vergessen, dass bis weit ins 19. Jahrhundert große Teile der Bevölkerung nicht lesen und schon gar nicht schreiben konnten.

Das heute oft herbeizitierte Bild der gütigen Mutter, die »ein Kind an der Hand, eines im Kinderwagen, eines am Arm und eines unter dem Herzen«, sich spielend, bastelnd und singend geradewegs aufs Mutterkreuz zubewegt, gehört in die multimedial propagierte Bevölkerungspolitik des Dritten Reichs. Bei Bauernfamilien oder Gewerbetreibenden – beispielsweise Wirten – liefen die Kinder zwischen den beschäftigten Erwachsenen umher und mussten frühzeitig mitarbeiten. Im Adel gab es Personal, im gehobenen Bürgertum zumindest ein jugendliches Dienstmädchen, in der Arbeiterschaft hingegen niemanden, der sich mit den Kindern, und wenn auch nur nebenbei, beschäftigt hätte.

Wir beziehen unsere nostalgisch verklärten Bilder aus Belletristik und mehr noch aus »schönen« Filmen; sozialkritische wie etwa die Verfilmung von Zolas »Germinal« sind keine »Kassenschlager«, sondern Minderheitenprogramm für Intellektuelle. Sie passen nicht zu den heute bei manchen Politikern so beliebten Parolen von der »guten alten Zeit« – nämlich als noch keine empfängnisverhütenden Mittel problemlos zu erwerben waren und Frauen mangels Berufsausbildung nur über Heirat Existenzsicherung und vielleicht sogar sozialen Aufstieg erreichen konnten, andernfalls sie in den Dienst gehen mussten oder als – mehr oder weniger verbit-

terte oder schrullige – alte Jungfern ihrer Familie zur Last oder der Ausbeutung anheimfielen.
Blicken wir aber auf die Zeit nach dem Zweiten Weltkrieg, sehen wir das Verschwinden einer ganzen Männergeneration in Feldgräbern, Kriegsgefangenenlagern oder Vermisstenlisten und folglich alleinerziehende Mütter; diejenigen Männer, die heimkamen, können überwiegend entweder als traumatisiert eingeschätzt werden oder als ideologisch entwurzelt, manche moralisch erschüttert, wenige in ihrer Gewissenshaltung bestätigt.
Das, was ich als Kaktusmenschen-Syndrom bezeichne, sehe ich bis Ende des Zweiten Weltkriegs als eine kaum hinterfragte alltägliche Geisteshaltung: Wer die Macht hatte, durfte die Ohn-Mächtigen ausbeuten, demütigen, quälen, foltern, und, wie die Geschichte der »Endlösung« der »Judenfrage« zeigt, auch ermorden, und durfte sich dabei ganz normal, ja sogar als elitärer Herrenmensch fühlen.
Hätte es keinen Kriegseintritt der Alliierten gegeben, wäre diese Rechtfertigungs-Ideologie zur radikalen Beseitigung all derer, die als – milde ausgedrückt – sozial unerwünscht definiert wurden, wohl nicht so bald kritisiert worden. Und es wäre wohl auch nicht zu der sozialwissenschaftlichen Suche nach den politologisch-historischen Wurzeln dieses »zivilen« Horrorphänomens gekommen.
Es gibt aber auch psychotherapeutisch-historische Blickwinkel. Mittels derer schaut man, welche Kenntnisse diejenigen hatten, die in einer bestimmten Zeitspanne Kinder aufzogen, welchen Einflüssen sie unterlagen und ob und wie sie diese weitergaben, vor allem aber: wie die damit vermittelte Stroke-Ökonomie aussah.
Dass die meisten Kriegsüberlebenden ihre Energie für Selbstbeschwichtigungs-Strokes verbrauchten und ihre Kinder da-

rauf Rücksicht nahmen, ist verständlich; so hat die Psychoanalytikerin Alice Miller aufgezeigt, dass Kinder immer dazu tendieren, ihre Eltern zu »schonen« und zu verteidigen, wie unerträglich diese auch sein mögen. »Das Kind soll von Anfang an lernen, ›sich selbst zu verleugnen‹, alles, was nicht ›gottgefällig‹ in ihm ist, so früh wie möglich abzutöten.«[114] Erst wenn sie sich im Ablösungsprozess der Pubertät befinden, beginnen sie, die Eltern kritisch zu sehen, und falls der Ablösungsprozess gelingt, realistisch einzuschätzen, was von den Eltern zu erwarten ist, und was eben nicht. Ein wertschätzendes offenes Gespräch ist in dieser Generation eher selten. Miller erklärt auch, warum: »Die Eltern kämpfen bei ihrem Kind um die Macht, die sie bei ihren eigenen Eltern eingebüßt haben.«[115] Sie waren selbst Erziehungsopfer. »Die Erziehung zur sinnlosen Härte macht es notwendig, dass *alles Schwache* (d. h. auch Emotionalität, Tränen, Mitleid, Einfühlung in sich und andere, Gefühle von Ohnmacht, Angst, Verzweiflung) ›gnadenlos‹ im Selbst *niedergekämpft werden muss.*«[116] Und die erfahrene Psychotherapeutin weiß: »Die einzelnen Stationen im Leben der meisten Menschen heißen:

1. als kleines Kind Verletzungen zu empfangen, die niemand als Verletzungen ansieht;
2. auf den Schmerz nicht mit Zorn zu reagieren;
3. Dankbarkeit für die sogenannten Wohltaten zeigen;
4. alles vergessen;
5. Im Erwachsenenalter den gespeicherten Zorn auf andere Menschen abladen oder ihn gegen sich selber richten.

Die größte Grausamkeit, die man den Kindern zufügt«, mahnt Miller, »besteht wohl darin, dass sie ihren Zorn und Schmerz nicht artikulieren dürfen, ohne Gefahr zu laufen, die Liebe und Zuwendung der Eltern zu verlieren. Dieser frühkindliche Zorn wird im Unbewussten gespeichert, und da er im Grunde ein gesundes, vitales Kraftpotenzial darstellt, muss ebenso viel Energie dafür verwendet werden, um dieses Potenzial in Verdrängung zu halten.«[117]

Es liegt wohl an dieser besonderen Form von Elternentbehrung, dass die Generation der Kriegs- und Nachkriegskinder diejenige darstellt, die das »antwortende Du« in der Psychotherapie und Lebensberatung sucht. Denn auch wenn damals im Schulunterricht Zeitgeschichte mit den Friedensschlüssen nach dem Ersten Weltkrieg endete und Eltern kaum über ihre Eindrücke vom Nationalsozialismus berichteten – außer den paar Großvätern, die mit ihren Kriegserlebnissen prahlten –, die Elterngeneration hatte grundsätzlich durch ihr drohend-repressives Schweigen zu Gegenkulturentwürfen ihre Glaubwürdigkeit verloren; wohin die absolute Gehorsamskultur geführt hatte, sahen zumindest diejenigen ihrer Kinder, die den kritischen Blick auf die Vorgeneration wagten – und dieser wurde durch die auslandsgesteuerten neu entstandenen Medien gefördert.

War in den 1950er Jahren noch »heile Familienwelt« Marke USA oder deutscher Heimatfilm das Leitbild, änderte sich das in den 1960er Jahren mit der Beatnik-Literatur und immer freizügigeren, immer kritischeren europäischen Filmen, mit Antikriegsbewegung, Flower-Power-Protesten und – der »Pille«. »Make love, not war« – eine unerträgliche Provokation für die durch Verzicht und Leiden geprägte Kriegsgeneration.

Als Zeitzeugin sehe ich in diesen Jahren die beginnende Trennung zwischen »gebundenen« und »bindungslosen« Menschen: Die einen fühlten sich noch an die Werte ihrer Eltern gebunden, die anderen, »entfesselten«, suchten die Gegenwerte, teils im Studium der Soziologie und radikalpolitischen Engagement, teils in »Sex, Drugs and Rock 'n' Roll«.

Spiegelnervenzellen

Menschen in enger emotionaler Verbundenheit kennen die »Laufwege« derer, denen sie nahe stehen. So versorgt uns unser Gehirn auch dann, wenn sich ein von uns geliebter Mensch an einem entfernten Ort befindet, mit intuitiven Annahmen darüber, was der oder die andere jetzt wohl gerade tun könnte.

J. Bauer[118]

Während sich die Pioniere der Säuglingsforschung wie Donald W. Winnicott und Erik H. Erikson auf die Beobachtung und Dokumentation der Interaktionen von Müttern und Kindern beschränken mussten, können Gehirnforscher heute dank bildgebender Verfahren auch beobachten, welche Aktivitäten sich innerhalb des Gehirns abspielen, wenn sich ein Mensch auf einen anderen konzentriert – und sei dieser auch nur ein Schauspieler auf einem Bildschirm.

So beschreibt der Neurobiologieprofessor Joachim Bauer in seinem Bestseller »Warum ich fühle, was du fühlst«, wie in Affenexperimenten mit Hilfe von Messfühlern entdeckt wurde, bei welchen ihrer Tätigkeiten welche Nervenzellen aktiv wurden, und zwar auch in völliger Dunkelheit (um nachzuweisen, dass es wirklich der Handlungsplan war und nicht der Anblick irgendwelcher Zielobjekte). Dann beobachteten die Forschenden, dass diese Zellen auch dann in gleicher Weise »feuerten«, d.h. chemische Botenstoffe freisetzten, wenn beobachtet wurde, dass jemand anderer die gleiche Handlung vornahm. Bauer berichtet: »Die Sensation war, dass es so etwas wie eine neurobiologische Resonanz gibt: Die Beobachtung einer durch einen anderen vollzogenen Handlung aktiviert im Beobachter … ein eigenes neurobiologisches Programm, und zwar genau *das* Programm, das die beobachtete Handlung bei ihm selbst zur Ausführung bringen könnte.« Sogar Geräusche, die typisch für eine bestimmte Handlung sind, haben den gleichen Effekt. Bei den Versuchen mit Menschen (mit Hilfe der funktionellen Kernspintomografie) zeigte sich, dass es oft schon genügte zu hören, wie von einer Handlung gesprochen wurde, um das Feuern von Spiegelneuronen auszulösen. Und: sie funken auch dann, wenn man manchen Testpersonen sagte, sie mögen sich die betreffende Handlung vorstellen. »Am stärksten feuern sie allerdings, wenn eine Person gebeten wird, eine beobachtete Handlung simultan zu imitieren.«[119]

Wer mit Kindern zusammengelebt hat, weiß, wie sie nachspielen – vor allem die Handlungen, die sie nicht verstehen. Auch manche Erwachsene machen ohne kritische Überprüfung nach, was ihnen als erstrebenswert vorgeführt wurde. Darauf basiert ja die TV-Werbung, Pornofilme inklusive.

Anhand dieser Erkenntnisse der jüngsten Gehirnforschung wird deutlich, was allein durch die Beobachtung von Gewalt, auch »nur« verbaler Gewalt, bei Kindern, die ja noch nicht über ein durch Nachdenken und Bewerten ausgeklügeltes Abwehrsystem verfügen, aber auch bei Erwachsenen – und da nicht nur bei sensiblen, d. h. nicht verhärteten – ausgelöst werden kann. Weshalb aber manche Menschen resilient, d. h. widerstandsfähig, geworden sind, ist Teil der Salutogenese-Forschung. Dazu mehr im Kapitel »Überleben im Kakteenhain«.

»Die soziale Vernichtung, bei bestimmten Naturvölkern als Voodoo praktiziert«, zeigt Bauer, »hat in Form des Mobbing ihre moderne Fortsetzung gefunden. Der Blick wird verweigert oder signalisiert Ausgrenzung. Der Gruß wird nicht mehr erwidert. Gesten stoßen auf eiskalte Reaktionslosigkeit. Hier finden Spiegelungen nicht mehr statt. Daran, dass Menschen, die von einer solchen Exkommunikation betroffen sind, meistens krank werden, zeigt sich: Der gemeinsame Bedeutungsraum ist nicht nur eine psychologische Lebensbedingung, sondern wird auch vom Körper registriert, er schlägt sozusagen auf seine Biologie und die medizinische Gesundheit durch.«[120]

Genau aus diesen Gründen bin ich auch dagegen, Menschen, die nerven oder gar stalken – und dazu zählen eben oft auch die eigenen Kinder, manchmal auch die eigenen Eltern –, die verbale Kommunikation zu verweigern (die nonverbale findet immer statt). Jeder Mensch hat das Recht, menschenwürdig behandelt zu werden (Art. 3. Menschenrechtskonvention); das heißt nicht, dass man seinen Willen erfüllen muss, aber das sollte man respektvoll klären können, und wenn man das – noch – nicht kann, sollte man es schleunigst lernen (etwa mit Hilfe der zwischenzeitlich in Unmengen vorhandenen Bücher zur so genannten gewaltfreien Kommunikation). Durch die eigenen »bösen Gedanken« wird nur ein Resonanzprozess ausgelöst, der beiderseits schädigt: Auf der energetischen Ebene findet dann ein Kampf statt, in dem sich mit reaktiven Zeitverzögerungen beide zu Waffen machen und einander »löchern«, durchlöchern wollen. Kaktusmenschen werden üblicherweise dem anderen die Schuld zuschieben: Sie sind es meist aus der Kindheit gewohnt, jegliche Schuld abzustreiten. Dabei geht es hier nicht um Schuldzuschreibungen oder Schuldanerkenntnisse, sondern nur um das Erkennen von Ursächlichkeiten.

Schuldfragen gehören vor Gericht oder in den Beichtstuhl. Dort wird leider, wie ich von vielen KlientInnen weiß, niedergestreichelt (vermutlich, weil Resonanz zu eigenen unliebsamen Gefühlsbereichen ausgelöst wurde – oder auch nur in routinierter Phraseologie). So erinnere ich mich an einen Mann Mitte Vierzig, der häufig ministrierte, aber »nur im Dom. Eine Vorstadtkirche wäre mir nicht gut genug!« Ich wies ihn darauf hin, dass er soeben seinem Hochmut begegnet sei, und dass er dies in seinem nächsten Beichtgespräch thematisieren könnte. In der nächsten Stunde berichtete er mir ziemlich enttäuscht, dass sein Beichtvater sofort abgewehrt habe: Wenn er ministriere, seien allein dadurch schon alle Sünden vergeben. Ich antwortete darauf trocken: »Also hat er Ihnen Ihre Reue vermasselt.«

In ähnlicher Weise sagte ein ihr fremder Priester einer katholischen Kollegin, als sie ihre Seele von Verletzungsgefühlen reinigen wollte, derartige Schmerzen müssten in christlicher Demut ertragen werden. Anschließend verstieg er sich in Vermutungen, sie wäre wohl psychisch nicht ganz in Ordnung; dabei betonte er, immerhin habe er ja psychologische Schulungen absolviert. Hätte er sie gekannt und gewusst, dass sie eine spätberufene Theologiestudentin war, wäre er vielleicht vorsichtiger gewesen. Aber dann wäre seine Reaktion von Kalkül bestimmt gewesen. So war er zumindest in seiner eigenen Wahrheit – nämlich als »SozImp«.

Der äthiopische Prinz Asfa-Wossen Asserate, der seit Jahren in Deutschland lebt, schreibt in seinem Buch über europäische Sitten: »Religiöse Ehrfurcht ist ein empfindliches und leicht zu störendes Gefühl. Gelassenheit und Überlegenheit gegenüber verständnisloser Verletzung der Ehrfurcht zu fordern, obliegt allein den Gläubigen – der Außenstehende hat dazu kein Recht. Es wäre eine Verdoppelung des Hohnes, wenn jemand, der die religiöse Überzeugung eines anderen verletzt hat, auch noch triumphierend darauf hinweist, solche Angriffe müssten eben mit dem Geist der Liebe ertragen werden.«[121]

Demut, das sagte ich damals zu der Kollegin, bedeute nach meinem christlichen Verständnis Verzicht auf Hochmut – nicht Verzicht auf die Wahrheit der eigenen Empfindungen. Mit solchen Reaktionen wie denen der zitierten Amtsträger wird subjektive Wahrheit nicht einmal zugelassen. Aber möglicherweise zählt Unsicherheit im respektvollen Umgang mit »Beichtkindern« zu deren »déformation professionelle«[122] (Berufsdeformation, in diesem Fall »Verdeckte Normierung der Interaktion«, »Technisierung der Konfrontation« und »Naseweises Sprüchemachen«) analog der Hilflosigkeit vieler Eltern, wenn sie nicht wissen, wie sie reagieren sollen.

Bindungsmangel

Alles, was wir erleben oder tun,
verändert unser Gehirn.
J. Bauer[123]

Beim Kleinkind lösen dessen Spiegelsysteme die Tendenz aus, Gesehenes spontan gleich selbst zu machen, ab dem dritten Lebensjahr werden hemmende neurobiologische Systeme aktiv, ein Reifungsvorgang, der zumeist nach der Pubertät abgeschlossen sein sollte. Danach müssen erst weitere Motivationen dazutreten, um diese verinnerlichten Hemmungen zu lösen, erklärt Joachim Bauer.[124] Solche Motivationen werden wiederum durch Vor-Bilder stimuliert, deswegen fallen ja auch unreflektierte Menschen auf die Illusion der Beglückung mittels Pornografie herein – aber genauso auf die Illusion von Selbstachtung und Sicherheit durch gewaltsame Unterwerfung (die auch in pornografischen Inszenierungen mitgeliefert wird).

Ich warne ausdrücklich davor, den Aussagen von so genannten Medienpsychologen zu vertrauen, die, noch immer auf dem wissenschaftlichen Stand der 1970er Jahre (oder in Liebedienerei gegenüber Medienunternehmen, die sie als wandernde Lohnprediger engagieren) ruhend, die längst widerlegte These von der angeblichen »Katharsis« (Reinigung) durch Ansehen von Brutalbildern vertreten. Ich bestätige aufgrund meiner eigenen Beobachtungen die Sichtweise von Joachim Bauer, der aufzeigt: »Einerseits spielt der Aufbau eigener Handlungsschemata durch Beobachtung und Imitation eine entscheidende positive Rolle für die Entwicklung des Kindes. Andererseits ist nicht auszuschließen, dass hochproblematische Inputs, wie sie von einer immer rücksichtsloseren und profitgierigeren Medienindustrie angeboten werden, zur Übernahme in das eigene Verhalten führen.«[125]

Aber ich ergänze noch: Zwischen Beobachtung und Imitation gibt es die – aus meiner Sicht unabdingbare – Frage nach der Gewissensverträglichkeit. Bevor man aber gelernt hat, sich diese Frage selbst zu stellen, braucht man eine Bezugsperson, die einem immer wieder solch eine Frage stellt – und die auch antwortet, wenn man selbst fragt. Solche Fragen setzen Vertrauen voraus, und Vertrauen schafft Bindung.

Es kann heutzutage leicht beobachtet werden, wie auf mehreren Ebenen quasi ein Werbeprogramm für Bindungslosigkeit angeboten wird: Die filmischen Vorbilder zeigen den lockeren Wechsel von einer Partnerperson zur anderen samt passender Kampfmethoden, wie man jemanden schnell los wird; in den Gazetten wird das Schlagwort vom Lebensabschnittspartner multipliziert, die Produktwerbung empfiehlt

»Öfter mal was Neues«, die Produkthersteller üben sich in sachlicher (d.h. technische Verbesserung), psychologischer (Stichwort altmodisch) und strategischer (gezielt kurzfristige Lebensdauer) Obsoleszenz (Veraltung) zwecks Umsatzsteigerung, und in der Arbeitswelt wird der flexible Mensch propagiert, der sich global hin und her schieben lässt und deshalb auch von Bindungen an Personen oder Orte »unbelastet« sein soll.

Die Erfahrung der systematischen Verweigerung der spiegelnden Verhaltensweisen im Alltag, was auch gleichbedeutend damit ist, aus dem sozialen Resonanzraum herauszufallen, hat nachgewiesene neurobiologische Effekte und kann zu Krankheit und Tod führen, mahnt Internist und Psychiater Joachim Bauer.[126] Nun gibt es aber nicht nur systematische, d.h. absichtliche Verweigerung, sondern, niederstufiger, auch leicht oder grob fahrlässige. Dazu zählt beispielsweise das Ignorieren, sei es aus Zeitmangel oder Überlastung, sei es aus Oberflächlichkeit, aus Krankheit oder aus Gereiztheit. Die Folgen können gleich schwerwiegend sein, denn die Qualität von Verletzung kann durch die Quantität, d.h. Häufigkeit, aufgewogen werden. Deswegen empfehle ich immer, solche Verweigerungen – in respektvollen Ich-Botschaften – bekanntzugeben: »Ich möchte mir dafür jetzt keine Zeit nehmen«, »Ich sehe jetzt keine Möglichkeit, mich damit ernsthaft zu beschäftigen«, »Ich bin im Augenblick nicht fit genug, um …« oder »Mir fehlt im Moment die Geduld, um …« Und bitte keine Diskussionen um das »Warum« oder »Wieso denn nicht?«, wenn sie erahnen lassen, dass sie der Eröffnungszug für einen verbalen Machtkampf werden sollen. Die Absage muss genügen, eine Rechtfertigung ist nicht notwendig. (Etwas anderes hingegen stellt echtes Interesse an der Befindlichkeit – nicht den Motiven! – der absagenden Person

dar. Dann kann diese sich überlegen, ob sie gleich oder später mehr Information geben will; dazu zählt auch die faire Information, was die andere Person machen könnte, um bessere Chancen zu gewinnen.)
Wem schon in früher Kindheit die Spiegelung verweigert wurde, egal aus welchen Gründen, wird im schlechtesten Fall dieses Modell übernehmen und später Spiegelungen verachten, verhöhnen oder überhaupt als nicht existent abstreiten und so Dornen und Stacheln entwickeln, wo andere Poren haben, mit denen sie aufnehmen, aber auch ausdünsten. Im mittelguten Fall wird die Person mit weit offenen Poren umherstreifen, immer auf der Suche nach Spiegelungen; das kann in Narzissmus ausarten oder in Suchtverhalten, wobei letzteres oft noch den Nebeneffekt einer Bestrafung für die Personen erzielt, die einem die energetische Zuwendung vorenthalten haben und dann im Nachhinein ersatzweise Zeit und oft auch Geld opfern müssen. Im besten Fall wird die so verletzte Person ihre Sehnsucht nach Spiegelung nicht abwehren, sondern wahrnehmen und auch ertragen, wenn sie sich genau zu solchen Personen hingezogen fühlt, die zu dem Verhalten neigen, das sie schon von ihren sozial inkompetenten Bezugspersonen ihrer Kindheit kennt.

Vorbildlernen

Gott wohnt, wo der Mensch ihn einlässt.[127]

»So weit ich zurückdenken kann«, schreibt Daniel Pennac, der selbst einmal eine »Krabbe« – so heißen in Frankreich die Schulversager – war und dem zu Trotz oder vielleicht gerade deshalb später Lehrer wurde, »haben junge Lehrer, die an einer Klasse verzweifeln, darüber geklagt, dafür nicht ausgebildet worden zu sein.« Eine gleiche Erfahrung machte ich in meinen Studien zur Stressbelastung von Lehrkräften[128]: Die Lehrkräfte fühlten sich für die Wissensvermittlung gut vorbereitet, nicht aber für den zwischenmenschlichen Umgang mit SchülerInnen, die nicht dem Klischee von bravem Gehorsam und disziplinierter Aufmerksamkeit entsprachen. (Und genau um dem abzuhelfen, habe ich dann im Rahmen meiner Professur für Prävention an der Donau Universität Krems das Masterstudium PROvokativpädagogik® konzipiert.)

Pennac schreibt: »Das heutige, sehr reale ›Dafür‹ umfasst solche verschiedenen Aspekte wie mangelnde Erziehung von Kindern, deren Familie ausfällt; die von Arbeitslosigkeit und Ausgrenzung hervorgerufenen kulturellen Schäden und der daraus resultierende Verlust an staatsbürgerlichen Werten; die Gewalt an einigen Schulen, das sprachliche Gefälle, die Wiederkehr des Religiösen, aber auch: das Fernsehen, die Elektronikspiele, kurz alles, was in das Bild der Gesellschaft einfließt, wie wir es täglich mit den ersten Nachrichten geboten bekommen.« Und weiter mahnt er: »Vom ›dafür sind wir nicht ausgebildet worden‹ bis zum ›dafür sind wir nicht zuständig‹ ist es nur ein Schritt, der sich so formulieren lässt: ›Wir Lehrer sind nicht zuständig dafür, im Rahmen der Schule Probleme der Gesellschaft zu lösen, die eine Wissensvermittlung unmöglich machen; das ist nicht unser Beruf. Wir brauchen eine ausreichende Anzahl von Aufsichtskräften, Erziehern, Sozialarbeitern, Psychologen, kurz, diverse Spezialisten, dann können wir die Fächer, die wir jahrelang studiert haben, auch anständig unterrichten.‹ Eine mehr als gerechtfertigte Forderung, der ein Bildungsminister nach dem anderen das begrenzte Budget entgegenhält.«[129]

Und genau dieser Ruf nach so genannten Spezialisten und Spezialistinnen lockt meiner Ansicht nach in die falsche Richtung, und das aus mehreren Gründen:

- Es werden Menschen als schwierig, pathologisch oder kriminell ausgesondert; damit werden sie einerseits »etikettiert«, andererseits wird ihnen noch immer die ganz normale soziale Begegnung auf gleicher Augenhöhe verweigert. Aber ist diese Form von Respekt überhaupt »normal«? Als Lippenbekenntnis vielleicht – aber genau in den Krisensituationen, wo jemand versucht, Gewalt über andere auszuüben?
- Der Volksmund sagt, man müsse Menschen dort abholen, wo sie stehen. Egal wo und in welcher Situation jemand unangenehm auffällt – es ist genau der Ort, wo man ihm spiegeln kann, dass man ihn nicht im Stich lässt, dass man ihn als Person wertschätzt und dass man ihm hilft, seine Lage – vor allem auch in der Beziehung zu den anderen, sich selbst mit inbegriffen – zu verbessern.
- Aus diesem Grund geht es vor allem darum zu erkennen, dass Menschen sich in Stresssituationen fehlverhalten (man selbst auch) und man daher das Grundwissen braucht, um zumindest im konkreten Augenblick deeskalierend zu wirken. Das geht am besten »in Wahrheit«. Die Wahrheit ist, dass wir dann, wenn wir noch kein passendes Modell erlebt und verinnerlicht haben, mit Kampf (der andere muss weg), Flucht (wir müssen weg) oder Totstellen (wir tun so, als wären schon weg) reagieren.
- Frei nach Ivan Illich muss man im Urwald des Amazonas kein voll ausgebildeter Dr. med. univ. sein, wenn es dort nur sieben hauptsächlich vorkommende Krankheiten gibt – es reicht, diese sieben behandeln zu wissen und den schnellsten Weg ins nächste Krankenhaus zu ken-

nen, wenn es eine achte ist. Auf das Modelllernen bezogen bedeutet dies: Man muss wissen, welches Vorbildverhalten man liefern – oder allenfalls nachlernen – sollte, wenn man den Kreislauf des Stichelns und Aufstachelns durchbrechen will. Tatsächlich geht es immer um Energiebalance – man braucht also Wissen, wie man zu wenig Energie auffüllt oder zu viel Energie ableitet. Meine psychotherapeutische Praxis hat mich gelehrt, dass es meist schon genügt, sich dem anderen Menschen wertschätzend und ohne Hinterhältigkeiten zuzuwenden und authentisch – d. h. Körper, Seele und Geist in Einklang – zu »spiegeln« (nicht zu verwechseln mit dem papageienähnlichen Umformulieren), dass man mitbekommen hat, wie es ihm oder ihr in Wirklichkeit geht. Kaktusmenschen werden das vermutlich abwehren – man kommt ihnen damit schon zu bedrohlich nahe –, aber wenn man ihnen nicht demonstriert, dass man ein Paar Stiche schon aushält, können sie nie die Erfahrung machen, dass es auch andere Modelle des zwischenmenschlichen Umgangs gibt als die von klein auf gewohnten Nadel- oder Dolchstiche.

Sieben Todsünden

Der Wunsch, das gut zu finden,
was andere gut finden, hat seinen Grund
im neurobiologischen Urbedürfnis nach Spiegelung,
nach Resonanz und nach Verbleib innerhalb der
schützenden sozialen Identität.
J. Bauer[130]

In meinem Buch »Management macht impotent« habe ich versucht zu zeigen, dass die so genannten sieben Todsünden ein Psychopathologie-Lehrbuch darstellen und gleichzeitig ein Lehrbuch für die ersten sieben Lebensjahre, in denen wesentliche Eigenschaften zur Balancierung der animalischen Selbstbehauptungsimpulse erworben werden müssen; diese Eigenschaften basieren auf dem Einsatz von Sprache und reflexivem Denken anstelle der Körperwaffen.
Ich ordne deshalb diese sieben Phänomene gezielt in der Reihenfolge, wie ich sie als Lernaufgaben für Kleinstkinder und ebenso auch für ihre Pflege- und Bezugspersonen sehe:

- Die Gier: Im ersten Lebensjahr – plus/minus –, der so genannten oralen Phase (vom lateinischen os, oris, der Mund), wenn der Säugling vor allem unbewusst um sein Überleben ringt, d.h. schreit, sollte er durch die verlässliche Zuwendung seiner Bezugsperson das so genannte Urvertrauen erwerben, nämlich die Sicherheit, beantwortet und versorgt zu werden. Dann kann das kleine Menschlein auch die Geduld aufbringen, immer eine kleine Weile mehr Geduld aufzubringen, bis sein Hunger – nach Nahrung, Trockenheit, Wärme, Blick- und Körperkontakt, vor allem aber Liebesenergie, »gestillt« wird und es nicht mehr schreien muss. Wird das Kind nicht hinreichend versorgt (was beispielsweise in den letzten Monaten des Zweiten Weltkriegs bei Stadtkindern die Regel war), entsteht Urmisstrauen und damit eine Bereitschaft zu pessimistischen, wenn nicht gar paranoiden Erwartungen; das kann zu einer Unfähigkeit zu warten führen – oder umgekehrt zu selbstschädigendem Zögern, wo einfach zugelangt werden müsste. Das betrifft dann oft nicht nur das Ess- und Trinkverhalten, sondern beispielsweise auch das Bewerbungs- oder Sexualverhalten. Ich finde es immer sehr anerkennenswert, wenn Menschen, die zur Askese tendieren, den Schritt über ihren Schatten schaffen und ihre Wünsche und Sehnsüchte äußern. Leider suchen sie sich als Adressaten oft Kaktusmenschen aus und reinszenieren damit das Drama ihrer Kindheit, auf Distanzierung oder Ablehnung zu stoßen.

- Die Trägheit: Wenn die orale Phase zu Ende geht und die Muskulatur des Winzlings stark genug ist, dass er bzw. sie aufstehen und gehen kann, verändert sich das Bewegungsverhalten vom ungerichteten Zappeln zu zielgerichtetem Greifen – vorausgesetzt, die Antriebsenergie darf ungehemmt eingesetzt werden; das ist aber häufig nicht der Fall, vor allem dann, wenn überlastete Bezugspersonen ihre möglicherweise durchaus berechtigte Ruhe haben wollen oder so erschöpft sind, dass sie nicht mehr auf jemand anderen eingehen können. Dann wird die Bewegungslust des kleinen Kindes bald erlahmen, weil es ja kein »antwortendes Du« mehr erlebt, für das es sich lohnen würde, zu ihm hinzustreben.

Wo also in der Gier zu viel Energie erkennbar wird, fehlt diese in der Trägheit. Gier kann zu Sucht ausufern – dann

wird dem Energiemangel mittels einer Substanz oder einer Aktivität, z.B. Arbeit oder Sex, begegnet; in der Trägheit wird vorhandene Energie ruhig gehalten und alles ablenkend Aktivierende ausgeblendet, eventuell auch wieder mittels – in diesem Fall betäubender –Drogen.
Psychopathologisch kann man bei Betrachtung der weiteren biografischen Entwicklung eines Menschen der Gier die Suchterkrankungen zuordnen, der Trägheit die depressiven Störungen unterschiedlicher Ausprägung. Hinsichtlich der Beziehungsqualität werden in der Gier andere Menschen als funktionierende oder ungeeignete Versorgungsinstrumente bewertet; ähnlich werden sie auch im Trägheitszustand gesehen, allerdings im Negativfall als Ruhestörende.
Auf Kaktusmenschen bezogen kann man bei manchen einerseits die Egozentrik des Gierigen, andererseits die Inaktivität des Trägen beobachten. So wie das Kind in der oralen Phase nimmt, aber noch nicht bewusst gibt, finden wir dieses Verhalten bei Menschen wieder, die in dieser Zeit ihres Lebens wesentliche Prägungen erlebt haben.

- Der Zorn: Nach der oralen Phase folgt die so genannte anale (nach dem lateinischen Wort anus, der Darmausgang bzw. Hintern). Jetzt ist die Muskulatur so erstarkt, dass sie beherrscht wird, insbesondere die Schließmuskulatur. Das Kind übt nicht mehr nur greifen, sondern entdeckt das Beißen, Zwicken, Schlagen, Stoßen und genießt seine Macht. Es ist wieder in einem Energieüberfluss, und der wechselt oft blitzartig von einer positiven in eine negative Stimmung; Ähnliches kann man später bei der Borderline-Persönlichkeitsstörung beobachten.
- Der Geiz: auch ihn ordne ich der analen Phase zu; er entspricht dem Zurückhalten der Verdauungsprodukte dank

nunmehr gut beherrschbarer Schließmuskeln. Ebenso wird Energie zurückgehalten, und dies kann zwanghafte Automatik entwickeln. Deshalb teile ich hier die Zwangsstörungen zu.

Auf Kaktusmenschen bezogen erklärt sich aus Fixierungen in dieser Phase ihrer Kindheit ihre oft unverständlichen, abrupten Zornreaktionen mit nachfolgender Gleichmut, als wenn nichts geschehen wäre, ebenso wie die energetische Zurückhaltung, wenn sie den Eindruck haben, jemand wolle irgendetwas von ihnen. Dennoch reagieren Menschen – und auch Kinder in dieser Entwicklungsphase – bereits auf andere, sie sind also bereits »in Beziehung«, wenn auch noch nicht bewusst auf andere ausgerichtet.

– Der Hochmut: Nach der analen Phase reihen manche PsychoanalytikerInnen, darunter auch ich, eine so genannte phallische Phase an (nach dem griechischen Wort phallos, der erigierte Penis). In gesunder Entwicklung übt das etwa vierjährige Kind Eigenliebe – es probiert in Nachahmung verschiedene Rollen aus, verkleidet und bewundert sich, träumt von der Zukunft »wenn ich einmal groß bin« und wendet sich nach einiger Zeit wieder den spannenden Abenteuern seiner kindlichen Umwelt zu. Leider werden gerade in dieser Phase viele Kinder rüde eingebremst – »Komm dir nur nicht gut vor!« und »Eigenlob stinkt!« –, sie ziehen sich dann zurück und trauen sich nichts mehr zu, während andere stimuliert werden – »Unsere kleine Prinzessin!«, »Unser kleiner Held!« – und sich in der Erwartung permanenter Bewunderung gemütlich einrichten; beides wird als narzisstische Störung diagnostiziert. Oder sie verbittern, wenn sie nicht das bekommen, von dem sie meinen, dass es ihnen zusteht, und machen sich »zu«, um nur mehr zu funktionieren, denn dann ist das Problem der Anerkennung nicht mehr existent. Dieses Verhalten findet man vielfach bei Personen, die als schizoid[131] bezeichnet werden.

- Die Unkeuschheit: Kaum einer der Namen dieser sieben Fehlentwicklungen wird so missbräuchlich verwendet wie dieser. Und um Missbrauch geht es auch eigentlich, vor allem um den sexuellen. Der mit Lehrverbot belegte Tübinger Theologieprofessor Hans Küng nennt ihn in großem Umfang bei den vier großen ethischen Geboten, die sich in allen Hochreligionen finden: nicht töten, nicht lügen, nicht stehlen und nicht missbrauchen, und präzisiert darunter die Verdinglichung von Menschen als Objekt.[132]
  Das Wort keusch stammt vom lateinischen conscius, bewusst. Unkeuschheit wäre demnach eine unbewusste, d.h. nicht bedachte, rein triebhafte Sexualität ohne Seele und Geist. Gerade der Geist – der Spirit, in dem etwas getan wird – macht aber aus, ob man ein »ganzer« Mensch im Gleichgewicht ist oder ein einseitig im Mangel oder Übermaß agierender. Auf die Sexualität bezogen, bedeutet dies: entweder gehemmt (verklemmt), d.h. mit unterdrückter Energie, oder sexualisiert, also mit krebsartig auswuchernder Energie. Die psychotherapeutische Erfahrung zeigt: beides kann Folge sexueller Übergriffe und Misshandlungen sein.

In Hinblick auf Kaktusmenschen kann man diese energetischen »Entweder-oder«-Haltungen aus der Unsicherheit der seinerzeitigen Eltern-Kind-Beziehung erklären. Um später als Erwachsener anderen Aufmerksamkeitsenergie schenken zu können, muss man selber das »rechte Maß« erhalten haben oder zumindest im Nachhinein die subjektive Wahrheit erkannt haben, wo man zu wenig oder zu viel oder das Falsche bekommen hat – etwa so, wie es Sándor Ferenczi beschreibt: »Ein Erwachsener und ein Kind lieben einander; das Kind hat die spielerische Fantasie, mit dem Erwachsenen die Mutterrolle zu spielen. Dieses Spiel mag auch erotische Formen annehmen, bleibt aber nach wie vor auf dem Zärtlichkeitsniveau. Nicht so bei pathologisch veranlagten Erwachsenen, besonders wenn sie durch sonstiges Unglück oder durch den Genuss betäubender Mittel in ihrem Gleichgewicht und ihrer Selbstkontrolle gestört sind. Sie verwechseln die Spielereien der Kinder mit den Wünschen einer sexuell reifen Person oder lassen sich, ohne Rücksicht auf die Folgen, zu Sexualakten hinreißen.«[133] Auch Kindern Pornofilme vorzuführen zählt zu solchen sexuellen Übergriffigkeiten; insofern sind alle, die derartige Machwerke über Handy oder Internet verbreiten, verantwortlich für die auf diese Weise herbeigeführte Lenkung der sexuellen Aufmerksamkeit auf Formen fragmentarischer, nämlich rein körperlicher und noch dazu gewaltträchtiger Sexualhandlungen.

- Der Neid: Er stellt immer eine Möglichkeit des Reagierens auf andere dar und ist deshalb oft ein erster Schritt in die soziale Gemeinschaft. Ich sehe diese Art von Zuwendung als Abgabe von Aufmerksamkeitsenergie und damit positiv. Erst wenn Gedanken dazukommen, die anderen als Störung eigener Raum- und Dominanzansprüche zu definieren und sie der destruktiven Verfolgung bzw. sozialen Vernichtung auszusetzen – oder dies umgekehrt den anderen zu unterstellen –, nähert man sich paranoiden seelischen Entgleisungen.

Neid entsteht oft an der Schwelle vom Ich zum Du: Als vorübergehenden kurzen Impuls finde ich ihn durchaus akzeptabel. Zur Kenntnis zu nehmen, dass es andere gibt, von denen man sich etwas abschauen kann – anstatt im Gefühl der Benachteiligung samt Rachewünschen zu erstarren –, wäre wachstumsfördernd. Chronisch und damit krankmachend sollte er nicht werden. Dann nämlich wird er nicht zum Du und zur Gruppenbildung, vielleicht sogar zur Solidarisierung hinführen, sondern zur die Eingliederung in den Kakteenhain.

Energieausgleich

Wenn die innere Energie immer stärker
von der defensiven Peripherie gelähmt wird,
wächst diese Schicht an und wird zu einem Werkzeug
der Verweigerung, das die bewusste Wahrnehmung
des Menschen vollständig deformieren kann.
J. Pierrakos[134]

Wir kennen alle das Phänomen, dass sich selbst bei geringfügigen körperlichen Verletzungen sichtbar erhöhte Narben bilden können; manche sind sogar stolz darauf, wie beispielsweise Angehörige schlagender Verbindungen auf ihre Terzen und Quarten oder wie die »Zeichen auf der Haut« auch heißen mögen … und üblicherweise lehnen gerade diese Narbengesichter ihre Kollegen von der Tattoo-Front ab, aus meiner Sicht eine unbewusste Konkurrenz um Beeindruckung all derer, die um ihre körperliche Unversehrtheit besorgt sind.

So wie der Körper mit Narbenbildungen die Löcher in der Haut verdickt schließt (und nicht glatt), verdicken die meisten Menschen die Löcher in ihrer Seele. Aber statt mit einem kleinen Buckel oder Wulst, wie man ihn etwa bei Bäumen sieht, verbinden sie ihre Schutzringe mit Spitzen und schaffen sich Dornenhecken oder Stachelpelze.

Diese Form von Energieausgleich stellt eine Möglichkeit eines Selbstheilungsversuchs dar. Eine andere, bessere, aber von Kaktusmenschen meist nicht gekannte und wenn, dann gefürchtete, stellt der Energieausgleich mit einer anderen Person dar: Dazu braucht es auf der einen Seite den Mut zur Offenheit – zur Wiederöffnung des alten Loches –, dem anderen gegenüber die Schmerzen des damaligen Verletztwordenseins zu bekennen, auf der anderen die Kraft und die Liebe, diese so lange verleugneten und jetzt aufbrechenden Gefühle achtsam zu ertragen.

Dies entspricht auch dem, was Sigmund Freud »Erinnern, Wiederholen, Durcharbeiten« nannte, und wozu es eine duldsame Begleitperson braucht; im Versuch einer Selbstanalyse »schont« man sich erfahrungsgemäß, wenn man an das Fegefeuer der Schmerzen herankommt.

Unsere Bioenergie ist durch den Atem steuerbar; auch Sprache ist nichts anderes als geformte Atmung. Leider wird sie oft nur vom kognitiven Denken gestaltet, ohne auf die emotionalen Verursachungen und Färbungen zu achten, und die sind immer vorhanden – auch wenn man wähnt, gefühlsfrei zu kommunizieren; dann lautet die Botschaft eben: »Ein Tropfen Gefühl ist schon zu viel!« (Zitat eines Freundes meines verstorbenen Ehemannes) oder gar »Du bist mir keinen Tropfen Gefühl wert!« Oder man wird im Gegenteil von Gefühlen bzw. Affekten überflutet und kann nicht mehr vernünftig denken – und wird dann meist ein Fall für Polizei, Strafrichter oder Psychiatrie. Atem ist aber nicht nur eine Möglichkeit, seine Gefühle und Empfindungen auszudrücken, sondern kann einem selbst Hinweis geben, wo man

Energie zurückhält oder überfluten lässt. Dann kann man den eigenen Stachelwuchs kontrollieren und durch menschlichere Abwehrformen ersetzen.

Kaktusbosse und Kaktuskollegenschaft

Der Fisch beginnt am Kopf zu stinken.
Sprichwort

Im privaten Bereich besteht vielfach die eine oder andere Möglichkeit, Menschen mit verletzenden Umgangsformen aus dem Weg zu gehen; schwierig ist dies vor allem dort, wo im gleichen Anwesen gewohnt oder im Familienbetrieb gearbeitet wird. Meist liegt es an ungeklärten sachlichen Zuständigkeiten, wenn die ältere Generation mit Berufung auf ihre Anciennität und Erfahrung auf ihren Dominanzansprüchen beharrt oder die jüngere solche als veraltet zurückweist, wenn Machtspiele entstehen oder zum Generationskrieg entarten, und oft werden Machtansprüche unter der Maske von Liebesgeboten versteckt. Im Klartext lautet dann die Botschaft: »Wenn du mich liebst, dann tust du, was ich will!« Das wäre dann aber keine Liebe, sondern Unterwerfung.

In der außerfamiliären Arbeitswelt wird zwar nicht von Liebe gesprochen, sondern von Professionalität, das destruktive Machtspiel ist aber das gleiche. Die Person mit der Definitionsmacht bestimmt, was als professionell zu gelten hat und was nicht und kann sich jeder Diskussion mit dem Hinweis »Wenn Ihnen etwas nicht passt, können Sie ja gehen!« – einem klassischen »Kaktus-Satz« – entziehen.

Als sachlich bestehende Möglichkeit ist dieser Hinweis so selbstverständlich, dass er nicht ausgesprochen werden muss. Wird er ausgesprochen, mutiert er sofort zur Drohung – gleichsam zum Probestachel: Lässt sich die Person stechen und beweist damit »Steherqualitäten«, hat sie sich als »kooperativ«, sprich anpassungsbereit qualifiziert; man weiß also, dass und wie man sie ausbeuten kann. Wehrt sie sich, bekommt sie sofort das Etikett »schwierig«, »bockig« oder »zickig«, und die Demütigungen werden verstärkt.

Definitionsmacht

Anpassungsdruck hemmt die Bildung innerer Werte,
weil er fordert, Standpunkte und Verhalten
auf immer neue Bezugsgruppen einzustellen.
Die Ziele wechseln mit der Orientierung;
nur Bestreben und Spannung auf den Fremdanspruch
bleiben unverändert.

M. Thau[135]

Die Macht übergeordneter Personen – solcher, die vor uns da waren, mehr wissen, mehr Beziehungen, damit möglicherweise auch mehr Unterstützung haben, mehr anhäufen konnten und daher glauben, sich mehr erlauben zu können – erleben wir alle als Kinder: Wir lernen unsere primäre Sprache von unseren Eltern oder sonstigen Bezugspersonen, und damit erlernen wir auch die konkrete Wahrnehmung, verbinden und bewerten damit auch die begleitenden Gefühle und lassen uns tatsächlich zuerst einmal alles »einreden«.

Wenn wir beginnen, uns und unseren Willen zu spüren – so um das Ende des zweiten Lebensjahres –, wird uns gesagt, das wir »frech« oder »schlimm« sind, »nervig« oder, ärger noch, »hirnkrank«, wenn wir »Eigensinn« behaupten wollen; solange wir uns in emotionaler Abhängigkeit befinden, versuchen wir in der Hoffnung auf positive »Strokes« Kritik zu vermeiden. Wir bemühen uns, liebenswert zu sein und streben nach dem Wohlwollen unserer Bezugspersonen.

Ob dieses frühkindliche Verhalten, das gerne mit der Bezeichnung »wohlerzogen« belobigt wird, das ganze Leben geübt wird, hängt von den Verhaltensalternativen ab, die jenseits der Etikettierungen »krank«, »kriminell« oder wie auch immer sozial unerwünschtes Verhalten geächtet wird, gewusst werden. Ich empfehle, Höflichkeit – die Hofetikette, durch die Kaiser, Könige und Fürsten vor Attentaten geschützt werden sollten – durch selbstbehauptende Korrektheit zu ersetzen, wohl wissend, dass das nicht vor Sticheleien und anderen Abstechversuchen schützt. Aber es hilft zumindest gegen unberechtigte Schuld- und Schamgefühle.

Neben diesen »Spielregeln bei Hofe« gibt es viele andere Subkulturen, die ihre eigenen Verhaltens-Codes entwickelt haben und AußenseiterInnen in den Zustand von Hilflosigkeit versetzen können – und das ist ja auch meist das Ziel. Von Norbert Elias stammt der Satz, »Gib einer Gruppe einen schlechten Namen, und sie wird ihm nachkommen.«[136] Namensgebung hat schöpferische Wirkung – deswegen nehmen ja manche Menschen bei Statusveränderungen neue Namen an wie etwa der Papst und Ordensangehörige oder auch Personen in Dienstleistungsberufen, die damit ihre Privatheit schützen wollen. Beim Namenswechsel von Ehepartnern hingegen wird die grundsätzliche energetische Symbolkraft vielfach zu Gunsten von Ästhetik oder Firmennutzen übersehen.

Geheimcodes bewirken auch energetische Symbolisierungen; sie schaffen »verschworene« Gemeinschaften. Schwur bedeutet ja, dass ein gesprochener Satz besondere Energie – Bindungskraft – ausdrückt. Ähnliches sollen Geheimcodes be-

wirken, darüber hinaus dienen sie aber auch der Vermeidung von Außenkontrolle und damit der Absicherung von Macht, beispielsweise der von Eliten; diese verwenden dazu exotische Fachsprachen wie die bestimmter Wissenschaften, oder, am anderen Ende der sozialen Bandbreite, etwa Gaunersprachen wie Rotwelsch.
Aber auch in der Arbeitswelt praktizieren manche Menschen Sprach- und Verhaltensformen, mit denen sichergestellt werden soll, dass »die unten«, aber auch »die daneben«, nicht aufmucken; manche glauben, das gehöre zur Menschenführung dazu – meist, weil sie diese Behandlung am eigenen Leib von Eltern, Lehrkräften oder Sporttrainern so erfahren haben.

Das militärische Erziehungsmodell

Bevor also das gegenseitige Desinteresse
in kirchlichen Institutionen kritisiert und verurteilt wird,
sollte man in die Konferenzräume unserer Schulen schauen,
wo Lehrer sehr genau wissen, welcher Kollege
auf besonders zynische und verletzende Weise
seine Schüler im Zaum hält: Wer aber wagt es,
diesen Kollegen zur Rede zu stellen?
H. Arnim-Ellissen[137]

Wenn man signalisieren will, dass man etwas Besonderes ist und sich Zeit – und das Risiko des Versagens – ersparen will, benützt man dazu Zeichen. Besondere Namen stellen solche Zeichen dar, aber auch Trachten, von der Kleidung bis zur Haar- oder Barttracht, Tattoos oder Piercings, Insignien und andere Statussymbole wie besondere Räume zum Ein-

nehmen besonderer Mahlzeiten, vor allem aber das Gehabe. Dazu zählt auch die Sprache – von Inhalt wie von Tonfall.
»In jeder bürokratischen Hierarchie gibt es schwache, asymmetrische Formen der Kommunikation«[138], entmutigt das Autorenduo Seemann und Meier die Sozialutopisten, die daran glauben, dass sich im Berufsleben immer konstruktive Zusammenarbeit auf gleicher Augenhöhe herstellen ließe. Hierarchie ist aber nur eine von mehreren juristischen Organisationsformen, in denen Zuständigkeiten, Verantwortlichkeiten, Weisungs- und Sanktionsrechte und sonstige Abgrenzungen klargelegt werden. Sie sind kein Freibrief für schlechtes Benehmen.
Manchen Kaktusmenschen macht es diebische Freude, mit grenzverletzendem Benehmen ihre Mitarbeiterschaft zu demütigen. Sie stehen damit in der Tradition der militärischen »Schleifer«, die ihre Aufgabe darin sahen, Soldaten zu Killermaschinen zu entmenschlichen; dazu wird zuerst deren Selbstachtung zerstört und dann mit der Aussicht auf hierarchischen Aufstieg bei Gehorsam und Wohlverhalten, wie auch immer dieses definiert werden mag, wieder portionsweise aufgebaut.
Ein Kaktusmensch baut nichts auf. Sein Energieeinsatz dient nur der Abschottung, der eigenen Distanz vom »Gewöhnlichen«, dem er oder sie nicht zugezählt werden will. Es ist wieder der Vergleich, der drohend im Raum steht – und die Angst, selbst »gewogen und zu leicht befunden« zu werden. In seinem Buch »Schmerzgrenze« erklärt der Neurobiologe, Psychiater und Psychotherapeut Joachim Bauer, wie die durch körperlichen und ebenso seelischen Schmerz hervorgerufene Aggression in Gegenwart, aber auch auf der Zeitlinie in die Zukunft verschoben werden kann – dann richtet sie sich gegen beliebige, zufällig anwesende Artgenossen. »Wer sich

der Schmerzgrenze eines Lebewesens nähert, wird Aggression ernten.«[139] Die Entindividualisierung anderer, d.h. die Zerstörung der Persönlichkeit, der Selbstachtung und damit der Identität, ist eine aus Jahrhunderten militärischen Drills bewährte Form. Wer sie praktiziert, findet nichts dabei – für ihn oder auch sie ist es erfahrene Gewohnheit, daher normal. So schreibt Rachel Rosenberg unter Berufung auf die Philosophin Hannah Arendt, dass totale Herrschaft danach strebe, Menschen so zu organisieren, als ob sie ein einziger Körper wären, und dazu ist der Zusammenbruch des Menschen als einziges Individuum notwendig. Dazu gibt es drei Formen von »Enteignung«: erstens die juristische Identität nehmen, zweitens die moralische Instanz im Menschen zerstören, sodass er keine Wahl mehr hat zwischen Gut und Böse, sondern nur mehr zwischen Böse und Böse, und damit unfähig wird zu Solidarität, Widerstand und Heldentum, und als drittes die Vernichtung der Individualität und damit auch der Kraft des Menschen, aufgrund seiner Fähigkeiten etwas Neues zu beginnen – und zwar etwas, das nicht eine Reaktion auf Umgebung oder Ereignisse darstellt.[140]

Kaktusmenschen nehmen zwar nicht die staatsbürgerliche Identität, aber sie attackieren die persönliche, indem sie Menschen verhöhnen oder beschimpfen und dies oft noch als »Scherze« tarnen. So erfuhr ich in einer Supervision von SozialarbeiterInnen, dass sie ihr oberster Vorgesetzter als »Schatzi« anrede, Zusatz: »Weißt du eh, was Schatzi heißt? Schaf und Ziege! Hahaha!«

Manche scheinen nur gedankenverloren, wie der Schuldirektor, der bei einem Arbeitsessen seine abgenagten Hühnerknochen der vis-à-vis sitzenden Kollegin, die noch aß, auf den Teller legte; tatsächlich bedeutet dieses Verhalten aber, dass ihm die MitarbeiterInnen so ignorabel vorkommen, dass man sie keines Blickes, geschweige denn echter Rücksichtnahme würdigen müsse (und wahrscheinlich macht er es daheim genau so). In einem Seminar für die Verwaltungsakademie des Bundes beklagte sich ähnlich ein Beamter, dass sein Vorgesetzter immer dann neue Stöße von Akten persönlich zu ihm bringe, wenn er wisse, dass er gerade Mittagspause halte, und ihm dann den Aktenberg nach Möglichkeit auf den bereits vorbereiteten Essplatz schmeiße.

Ähnliche Revierüberschreitungen zeigen sich in grenzverletzendem Berührungsverhalten: So weist die Psychologieprofessorin Nancy M. Henley auf die Forschungen hin, die zeigen, dass statusgleiche MitarbeiterInnen einander sehr wohl beim Vornamen anreden, Materialien ausleihen, sich auf den Stuhl des anderen setzen oder auch berühren können, während bei Beziehungen von Über- und Untergeordneten Erstere mit ihrem Titel oder ihrer Funktion angeredet würden, viele sich aber gegenüber Statusniedrigeren das Recht herausnähmen, sie mit Vornamen, vielleicht sogar in einer vertraulich verkürzten Form anzusprechen. Auch die Frage, wer erzählen müsse und wer nur zuzuhören brauche, können Ausdruck solch eines »Vorteilsspiels« sein.[141]

Das so genannte Territorialitätskonzept beschreibt das Verhalten, ein Revier mittels Markierungen abzustecken und zu verteidigen – wenn man sich das trauen darf. Aus Tierforschungen ist bekannt, dass ranghöhere Tiere größere Reviere kontrollieren, sich freier im Areal bewegen, leichter in die Reviere anderer eindringen und die günstigsten Voraussetzungen zu Zugang und Kontrolle der wichtigsten Ressourcen besitzen, rangniedrigere Tiere hingegen ausweichen oder Raum abtreten.[142]

Nun sollte man erwarten, dass die letzten fünfzig Jahre dank zunehmender Mitbestimmung und Partnerschaft in Betrieben wie auch Familien ein die Menschenwürde respektierendes Kommunikationsverhalten gebracht haben. Mitnichten! Nach wie vor wird Respekt vorsätzlich verweigert – obwohl durch jahrelange Aufklärungsarbeit von PsychotherapeutInnen bekannt sein sollte, dass Alltagsgewalt durch Verweigerung von Wertschätzung und fahrlässig oder vorsätzlich zugefügte Demütigung verursacht und letztlich auch ausgelöst wird. Dazu gehört der missachtende Umgang mit der Lebenszeit anderer[143] ebenso wie die Verletzung ihrer »intimen« Distanz (»sehr intime Distanz« für Lieben, Ringen, Trösten, Schützen: 0 bis 15 cm; »weite intime Distanz« bei allgemeinem Gedränge: 15 bis 45 cm).[144] »Die Verweigerung von Intimsphäre führt letztlich zu einem Mangel an Vertrauen«, weiß auch Hubert Arnim-Ellissen nach seiner Tatbestandsaufnahme zu Übergriffigkeiten in der Internatserziehung. »Der Zögling erlebt sich als Besitz, der herumkommandiert werden kann, der strafweise seinen Schlafplatz wechseln und deshalb seinen Kasten aus- und neu einräumen muß, hin und her geschoben ganz nach Willkür seines Präfekten«, und resümiert: »... Vorgesetzte verdienen stets ein gewisses Maß an Mißtrauensvorschuß und den Respekt, den ihre Position erfordert, müssen sie sich erarbeiten.«[145] (Originalschreibweise)

Der Arschloch-Faktor

Nichts gefährdet den Adel des menschlichen Herzens so sehr wie der Besitz von Macht über andere, nichts korrumpiert es so sehr wie die gefühllose oder grausame Ausübung dieser Macht.«

J. Galsworthy[146]

Es mag wohl manchen weit hergeholt erscheinen, jeder unerwünschten Berührung böse Absicht zu unterstellen. Tatsächlich hängt es davon ab, ob jemand noch die Sensibilität des Kleinkindes besitzt, unerwünschtes Angreifen überhaupt wahrzunehmen und mit einer Unwillensäußerung zu beantworten – etwa zurückzuzucken. »Gut erzogene« Menschen sind aber nach Alltagsverständnis die, die sich das gefallen lassen – selbstverständlich nur von »Respektspersonen«; leider verstecken sich unter diesen viele Gewalttäter, wie die immer mehr an die Öffentlichkeit tretenden Selbstzeugnisse von Opfern sexueller und trivialer Misshandlungen in Internaten und Kinderheimen, aber auch von Amtspersonen und Spitzenpolitikern aufzeigen. Oft wird dann versucht, diese Form von Machtmissbrauch als »harmlos« zu verniedlichen – von Unbeteiligten. Für die betroffenen statusniedrigeren Personen – meist Kinder und Frauen, aber ebenso Lehrlinge, Sekretärinnen – kann schon ein einfaches Arm-um-die-Schulter-Legen zu ernsthaften Gesundheitsproblemen führen: nicht nur, weil fremde Energie in den intimen Raum hineingepresst wurde, sondern weil die Selbstverteidigungsenergie außer Kraft gesetzt wurde. Das kann oft Tage und Wochen dauern, bis solch ein Minitrauma aus dem Gedächtnis verschwindet – in den Zellen bleibt die Negativerfahrung verankert, wie einmal ein Arzt in einer von mir geleiteten Supervisionsgruppe formulierte: »Gott verzeiht – das Bindegewebe nie!«

Fahrlässige »Grapscher« ziehen ihre Hand sofort zurück, wenn die berührte Person sich verwehrt, und entschuldigen sich. Absichtliche lachen und geben noch ein scheinfreundschaftliches »Zier dich doch nicht so!« drauf. Kaktusmenschen gehen zu Rache- und Vernichtungsaktionen über. Sie vertragen keine Kritik und wollen daher die Kritiker mundtot machen. Und sie testen meist gezielt aus, wie weit sich jemand als Opferlamm eignet. Berührungen gehören zu diesen Testbatterien ebenso wie »Stichworte«. Ein Sprichwort sagt, »Wer sich zum Lamm macht, den fressen die Wölfe«.

Eine partnerschaftliche Beziehung erlaubt symmetrisches Verhalten: gleiche Ansprachen, gleiche Berührungen, ausgehandelte Reviermarkierungen, vereinbarte Zeitgestaltung. Jede Verletzung von Ver*ein*barungen ohne sofortige Korrektur bzw. allenfalls psychologische Erste Hilfe sondern stattdessen sozialer Fahrerflucht sollte als Signal gewertet werden, dass erhöhte Vorsicht wegen weiterer Verletzungsgefahr geboten ist.

Kaktusmenschen verstehen Gleichrangigkeit aber oft bereits als Verkürzung ihrer Macht, quasi als energetische Kastration; sie werden daher unbewusst Beweise suchen, sich ihrer ungeschmälerten Macht zu versichern. Besiegte MitarbeiterInnen nehmen dann die Funktion des erlegten Tieres ein, auf das der von Triumphfotos bekannte klassische Großwildjäger seinen Siegerfuß zu setzen pflegt.

»Beutestücke oder Trophäen sind ursprünglich Dinge, die die Macht des Besitzers ausdrücken«, erinnert die studierte Politologin Rita Pohle, die ein lesenswertes Buch über die Energie von Räumen geschrieben hat. »Der Krieger in früher Zeit besiegte seinen Feind und nahm ihm die Waffen ab. Der Jäger erlegte einen Bär und schmückte sich mit dessen Zähnen. In den Chefbüros sind manchmal ähnliche ›Beutestücke‹ aus dem persönlichen Umfeld zu sehen.« Manche Bosse sehen ihre »erlegten« MitarbeiterInnen als derartige Machtbelege, je mehr, desto besser, je unterwürfiger, desto glorioser.

Gegen diese Zurschaustellung sei nur dann etwas zu sagen, meint Pohle, wenn es offensichtlich aggressiv wirkt. Interessanterweise beachtet sie nicht die Geschlechterdifferenzen wie Nancy Henley. Frauen verzichten üblicherweise auf derartiges »phallisches Protzen« und das gerät ihnen oft zum Nachteil, weil sie dann mit der üblichen Erster-Blick-Diagnostik als untermaßig eingeschätzt werden und sich nachfolgend mehr anstrengen müssen, diesen ersten Eindruck zu korrigieren. Für viele Chefinnen, die sich nicht am sadistischen Menschenjäger-Spiel beteiligen wollen, lautet dann die Frage: »Wie schaffe ich mir die nötige Distanz, so dass ich mich nicht zu sehr eingeengt fühle – und wie finde ich genügend Nähe, damit ich nicht in Isolation und Depression gerate?«[147] Statt »eingeengt« schlage ich hier vor, das Wort »unterschätzt« einzufügen.

Der Stanforder Managementprofessor Robert Sutton gibt in seinem Buch »Der Arschloch-Faktor« die knappe Antwort: »Wer in solchen Unternehmen sein Selbstwertgefühl davon abhängig macht, wie die anderen einen behandeln, und seine ganze Kraft und emotionale Energie in die Arbeit investiert, riskiert dabei nur, ausgebeutet zu werden und sich selbst zu zerstören.«[148] Das Problem dabei ist nur, dass die meisten Menschen sehr lange brauchen, bis sie diese Abwertungen als das erkennen, was sie sind: psychische Misshandlungen.

Menschliche Destruktivität

Alltägliche Gewalt steht in auffälligem Zusammenhang
mit einer Verweigerung des persönlichen Respekts,
einer Verletzung der Ehre oder einer Beschädigung der Reputation.

J. Bauer[149]

Sutton zitiert etliche Umfragen, nach denen sich etwa 27 Prozent beklagten, von Arbeitskollegen schikaniert zu werden; in einer anderen gaben 36 Prozent an, permanenten Feindseligkeiten ausgesetzt zu sein, und 20 Prozent fühlten sich durch beleidigende und aggressive Verhaltensweisen wie Anschreien, Wutanfälle oder herabsetzende Kommentare stark belästigt; besonders Krankenschwestern gaben in wieder einer anderen Studie an, von Ärzten mindestens einmal in zwei Monaten angeschrien, verbal attackiert oder beleidigt worden zu sein. In einer ähnlichen Untersuchung gaben sogar 97 Prozent an, verbal misshandelt worden zu sein.[150] Diese Angaben kann ich aus meiner jahrelangen Supervisions- und Coaching-Tätigkeit in Kliniken und Rehabilitationszentren durchaus bestätigen, mit einer Präzision: Es sind einige wenige, die ihre Fürsorgepflicht als Arbeitgeber oder ihre Kooperationspflicht als Kollegen derart total ignorieren, aber die lassen kaum jemanden aus, dem sie auf diese Weise Schaden zufügen können – was bei Ärzten, deren Berufsethos ja »Nil nocere«, »Nicht schädigen!« lautet, besonders vertrackt ist. Wenn dann der Arzt Joachim Bauer darauf hinweist, »Die Wut des gereizten Individuums entlädt sich dann häufig ersatzweise an hierarchisch niederen bzw. schwächeren Dritten«[151], bringt er den Begriff des Gereiztwordenseins ins Blickfeld. Sich den näher anzusehen, lohnt sich; meist steht er überhaupt nicht mit den konkreten Leidtragenden in Zusammenhang, sondern ist eine vorübergehende oder chronische Befindlichkeit des jeweiligen Kaktusmenschen.

»Jeder, der einen Psychopathen als Chef oder Kollegen hat, wird sich seiner zerstörerischen Wirkung nur zu bewusst sein«, schreiben Paul Babiak und Robert D. Hare. »Ein einziger Psychopath, dem niemand Einhalt gebietet, kann die Moral der Leute in einer Organisation, die Produktivität und die Teamarbeit gravierend untergraben.«[152] Unglücklicherweise verdeckten deren »gute Eigenschaften« aber meist die schlechten, fügen die beiden Psychologen hinzu. Der Fehler, den ich in meinen Seminaren oder Coachings immer wieder entdecke, liegt darin, dass hervorragende Juristen oder Techniker, die keinerlei Führungsqualitäten haben, mit Führungsaufgaben betraut werden; sie versuchen dann in Konkurrenz, also auf gleicher Ebene, die besten auf dem jeweiligen Fachgebiet zu sein – wie seinerzeit in der Schule. Führen bedeutet aber, mit Überblick – also auf übergeordneter Ebene – die Mitarbeiterschaft so zu fördern, dass sie voll Freude bestmögliche Ergebnisse erzielen kann. Dazu muss man einen Geist des Wohlwollens, Vertrauens und Zutrauens besitzen und vor allem Nähe aushalten. Man muss ja der Kollegenschaft »zur Seite stehen«.

Damit die designierten bzw. bestellten Führungskräfte »führen« lernen – meist wiederum militärisch interpretiert, d. h. auf Gehorsam ausgerichtet –, werden sie in Schulungen geschickt, in denen meist nur theoretisches Wissen über Führungstechniken oder praktische Durchsetzungstipps vermittelt werden. Nicht alle davon sind aus meiner Sicht ethisch vertretbar.

Intrigen

Die Bossing-Methoden reichen vom Betrugsvorwurf
bis hin zum »sozialen Lynchen« –
dabei wird der Betreffende so lange als unfähig
hingestellt, bis er den Druck nicht mehr erträgt.
R. Girtler[153]

Im Gegensatz zu einem Verräter – der nach Roland Girtler jemand ist, der Informationen über Freunde, Bekannte oder Kollegen weitergibt, die diesen schaden können, oder der die Gutgläubigkeit anderer zu seinem Vorteil nutzt[154] – steht bei einem Intriganten die Lust im Vordergrund, mit den Seelen anderer zu spielen wie mit Billardkugeln: Es wird ein erwünschter Effekt angepeilt, und allein sich das detailliert auszumalen, schafft bereits Vorlust.

So klagte ein sehr erfolgreicher Mitarbeiter eines Spitzenpolitikers mir als seinem Coach, dass dieser ihn, als er aufforderungsgemäß seinen persönlichen Arbeitsbericht ablegte, vor versammelter Kollegenschaft lachend (!) mit den Worten runterputzte: »Warum sagst du immer ›ich‹? Warum nimmst du dich so wichtig? Sag gefälligst ›wir‹!«, um dann hinterrücks immer vor den »Egoisten in der Abteilung« zu warnen, die allen anderen keine Chance zum Erfolg ließen. Gegen die »üble Nachrede« – eigentlich ein Straftatbestand – wagte sich der Mitarbeiter nicht zu wehren, glaubte er doch aufgrund seiner familiären Sorgepflichten seinen Arbeitsplatz nicht gefährden zu dürfen. Damit lieferte er aber nur eine neuerliche Angriffsfläche, denn nun begannen die Kollegen im Sinne des Vorgesetzten Gerüchte auszustreuen, wonach die Erfolgswerke des Kollegen anderen »gestohlen« worden seien. Erst als das Ränkespiel in privaten Telefonterror und aufgebrochenen Schreibtisch überging und massive Gesundheitsschäden nach sich zog, gab der Mann seiner Gesundheit den Vorzug gegenüber der vermeintlichen sozialen Sicherheit.

Ein anderer Spitzenpolitiker, berichtete mir dieser Klient, verzichtete auf hinterhältige Inszenierungen, sondern sagte ihm ehrlich, »Weißt du – ich mag dich nicht. Und das ist deswegen, weil ich glaube, dass du bei Frauen mehr Erfolg hast als ich!« Mit dieser, von mir »Exorzismus-Technik« genannten Methode des Wahr-Sagens konnte die nötige Stachel-Abwehr-Distanz hergestellt werden. Siehe dazu auch das Kapitel »Überleben im Kakteenhain«.

»Die wenigsten Urheber indes verfügen über ein deutliches Ziel oder die nötige Strategie, es auch zu erreichen. Sie begnügen sich mit einer Politik der Nadelstiche – vermischen etwa Lob mit starker Kritik: Er ist unser bester, wenn da nur nicht dieses Alkoholproblem wäre ...«[155] oder, wie ich in meiner Zeit als Kommunalpolitikerin oft hörte, wenn jemand am Stuhl eines Konkurrenten sägte: »Ja früher – da war er noch eine große Hoffnung ...«

Die Chinesen sagen: »Du kannst nicht vermeiden, dass Vögel über dein Haupt hinwegziehen – aber du kannst vermeiden, dass sie in deinen Haaren ein Nest bauen!« Die Botschaft lautet im Klartext: Intrigen können Teil eines Mobbing-Prozesses sein – oft sind sie aber nur Zeitvertreib für arbeitsmäßig unter- oder überforderte Kaktusmenschen, die einfach ein Opfer brauchen, damit sie selbst besser dastehen, und sei es nur als »besorgter Informant«. Sich zu wehren ist meist sinnlos – zu spät, das Lüftchen der Verleumdung weht bereits; besser ist es, daran zu arbeiten, über den Dingen zu stehen, in diesem Fall auch: den Dingen, sprich bösen Reden, keine

Aufmerksamkeitsenergie zu schenken, denn sonst wachsen sie nur weiter ins Unendliche.
Mir ist es einige Male passiert, dass konkurrierende KollegInnen mich medial verleumdet haben. Mein Ehemann, selbst erfahrener Journalist und PR-Berater, hat mir jedes Mal geraten, mich nicht auf das gleiche Niveau zu begeben, und ein lieber Freund, Jurist, hat mir dazu noch den Satz gespendet: »Wenn man einem Dreck eine Ohrfeige gibt, wird die Hand schmutzig!«
»Man muss nicht wie ein falscher Hidalgo einen Beruf daraus machen, überall Ehrenkränkungen zu vermuten«, rät auch der äthiopische Prinz und Unternehmensberater Asfa-Wossen Asserate.[156] Man braucht Verhaltensalternativen. Dazu gehört auch, einen Blickwinkel zu wählen, der es einem erlaubt, selbst die Würde zu bewahren – den anderen aber auch.

Krieg im Büro

Wirklich neidisch ist man jedoch erst,
wenn die Enttäuschung über den eigenen
Misserfolg zur Freude am Misserfolg des anderen
sublimiert wird.
H.-J. Seemann/R. Meier[157]

Energie folgt der Aufmerksamkeit. Wenn Kriegsstimmung herrscht, ist Deeskalation angesagt, nicht weitere Kriegshetze. Aber wie bei tatsächlichen Kriegen lohnt die Frage, wer die Kriegsgewinner sind. Kaktusmenschen sind oft Kriegstreiber: Sie polarisieren, indem sie versuchen, Verbündete auf ihre Seite zu ziehen. Wenn ihnen das nicht gelingt, ziehen sie sich meist sofort in abwartende Positionen zurück – so wie die Ehemänner oder Ehefrauen, die ihre »bessere Hälfte« vor Publikum bloßstellen, wenn sie aber keine zustimmenden Äußerungen erhalten, mit dem »Hab-ja-nur-Spaß-gemacht«-Argument den – vorübergehenden – Rückzug antreten.

»Verdrängte Probleme, die sich endlich melden, äußern sich brutal bei den einen, infantil, ja fast lächerlich bei den anderen: Vorübergehend werden auch die vernünftigsten Grenzen nicht mehr beachtet. Alles wird als Unterdrückung, Kleinlichkeit und Angriff auf die eigene Person gewertet. Man stellt eine Freiheit zur Schau, die keine ist, während man randaliert oder wenigstens durch Worte oder entsprechende Lautstärke andere fertigzumachen versucht. Einzelne Menschen geben die Rolle des ewigen Querulanten nie mehr auf«, weiß Margrit Erni.[158]

Eine verschworene Gruppe kann jede Art von Wirklichkeit schaffen, warnt Martin Thau.[159] Wirklichkeit beginnt mit dem Einsetzen von Wirkung. »Der Keim zur Kriminalität wird dort gelegt, wo alles geistige Vermögen still und heimlich auf das Aushecken von Hinterlist verwandt wird«, schreibt der bekennende Schulversager und später erfolgreiche Lehrer und Schriftsteller Daniel Pennac.[160] Und der Wiener Soziologieprofessor Roland Girtler weiß: »Demütigungsrituale dienen dazu, die Mehrheit gegen Einzelne aufzuhetzen, sie schlechtzumachen, um selbst als geheiligte Person unangetastet anschaffen und regieren zu können.«[161] An anderer Stelle schreibt Daniel Pennac: »Es ist nicht verwunderlich, dass die physische Gewalt zunimmt, wenn parallel zu den Verlockungen unserer übersättigten Gesellschaft Armut, Ausgrenzung und Arbeitslosigkeit zunehmen«, und dem gegenüberstellt, »aber dass ein Junge von fünfzehn Jahren plant, seinen Lehrer zu erstechen – und es macht! –, das bleibt eine pathologische Einzeltat. Daraus mit Hilfe fetter Schlagzeilen und Fernsehreportagen das Symbol für eine spezifische Jugend eines spezifischen Ortes (…) zu machen, bedeutet, diese Jugend als Brutstätte von Mördern und die Schule als einen Herd der Kriminalität hinzustellen.«[162] Damit zeigt er auf, was in der Psychotherapie eine grundlegende Erfahrung ist, im Alltagsdenken aber verleugnet wird: dass jedes – besonders aber das »sozial auffällige« – Verhalten eine Historie von vielen kleinen Mikrotraumen seit Anbeginn der Kindheit besitzt, die sich zu einem Lebensstil bündeln können, dessen Ziel nur mehr darin besteht, anderen die Kleinheitsgefühle zu vermitteln, die man selbst loswerden will.

Während ich diese Zeilen schreibe, schwebt der Leiter des Forstamtes der Bezirkshauptmannschaft Wien-Umgebung in Lebensgefahr infolge von Schüssen, die ihm ein Mann in den Amtsräumen zugefügt hatte; der Attentäter sah sich amtlichen Verfügungen gegenüber, die seine soziale Existenz, an die nur noch er glaubte, vor allem aber das Zusammenleben mit seinen »Lebenspartnern« – seinen Pferden – zerstören würden.[163] Da er auch eine Beamtin als Geisel stundenlang in seiner Gewalt hielt, bevor er sich selbst erschoss, war in der Medienberichterstattung klar, wohin Schuld zugesprochen werden musste: der Bluttat beim Schussattentat; das ist das verpönte Verhalten – was an möglicher beamtlicher Fehlkommunikation, an Nicht-Erkennen von Verzweiflung, an hierarchischem Autoritätsgehabe mitverursachend gewesen sein mochte, wird nicht einmal angedacht, geschweige denn bedacht und behandelt. Wer sich in einer übergeordneten Position befindet – und in einer solchen befinden sich ja die Medien, deshalb werden sie auch oft als die »Vierte Kraft« im Staat bezeichnet –, spricht sich selbst das Recht zu, andere runterzumachen. Damit werden aber vielfach alle diejenigen, die auch derartigen Groll in sich gären haben, zur geistigen Solidarität mit dem Attentäter eingeladen. Ich habe in meiner mehr als vierzigjährigen Praxis als Juristin und Psychotherapeutin mehrfach die Herausforderung zu bewältigen gehabt, potenzielle Amokläufer in nur einer Stunde zur Seelenruhe zurückführen zu müssen. Ich habe deren Not gespürt, und ich weiß, wie sehr es auf das »heilende Wort«, das »rhema«, ankommt, um zu verhindern, dass jemand zum Mörder wird. Aber das kann man lernen. Voraussetzung dafür ist es, damit aufzuhören, Gewalt – nämlich die Gewalt, die weit weg geschieht, im Ausland oder auch auf dem Bildschirm – unbeteiligt ablaufen zu lassen oder zu verherrlichen.

Wir alle neigen dazu, zu polarisieren. In meinem bereits zitierten Buch »Management macht impotent« habe ich das erste Mal skizziert, dass die wohlbekannten so genannten Sieben Todsünden eigentlich ein Ein-Wort-Psychopathologie-Lehrbuch und gleichzeitig die Stufenleiter der psychosexuellen Entwicklung darstellen. Demzufolge entspricht diese Strategie der Selbstgerechtigkeit einer Mischung aus Zorn (dass die andere Person Widerstand wagt), Hochmut (Überheblichkeit) und Verdinglichung (dem anderen Respekt und Beziehung zu verweigern). Damit soll nicht psychotisches – selbst- oder fremdgefährdendes Verhalten samt Realitätsverlust – entschuldigt werden, sondern es soll aufgezeigt werden, dass man der zunehmenden »Workplace Violence« präventiv begegnen könnte, wenn man die potenziellen Folgen des eigenen Tuns mehr bedenken würde.

Mobbing – früher hatten solche Verhaltensweisen den Namen »Aufsässigkeit« und waren mit einem Ansprechtabu belegt – besteht nach heutigem juristisch definiertem Verständnis in

- regelmäßigen (mindestens einmal wöchentlichen)
- feindseligen Handlungen
- über einen langen Zeitraum (mehrere Wochen bis Monate),
- die die so angefeindete Person an der Erfüllung ihrer Pflichten hindern und
- meist steht – früher oder später – dahinter die Absicht, die Person »loszuwerden«, d. h. aus der Gemeinschaft auszustoßen, ohne das direkt tun zu müssen.

Nur »schlechtes Benehmen« zählt nicht dazu, kann aber Teil einer Mobbing-Strategie sein. Das meist nicht bewusste, aber deutlich beobachtbare Ziel besteht darin, der anderen Person Vitalkraft zu entziehen und sich selbst daran zu nähren; wenn kein Gewinn mehr aus ihr zu ziehen ist, wird sie »entsorgt«. Meist geschieht dies durch langdauernde Krankenstände, denn nach den Ergebnissen der Mobbing-Forschung somatisieren die Leidtragenden nach drei bis sechs Monaten. Meiner Erfahrung nach treten körperliche Symptome aber bereits nach sechs Wochen auf.
Die Alternative bestünde in einem emotionsbeherrschten Gespräch »auf gleicher Augenhöhe«, in dem die verschiedenen Konfliktanteile aufgezeigt und hinterfragt oder auch bessere Formen von Zusammenarbeit kreiert werden. »Dass die Menschen ungleich waren, war schließlich mit Händen zu greifen«, erinnert Asfa-Wossen Asserate, »dass die Menschen gleich seien, musste man glauben – sehen konnte man das nicht.« Und er zitiert den Monolog des Shylock, »Wenn ihr uns stecht, bluten wir nicht? Wenn es kalt ist, frieren wir nicht?«[164]

Burnout

So zeigt die Zunahme von Burnout-Erkrankungen, dass immer weniger Menschen einen Ausweg aus dem Dilemma zwischen Arbeitsdruck und ihren persönlichen Bedürfnissen finden.

J. Bauer[165]

Burnout – »ausgebrannt sein« – ist zu einer Modediagnose verkommen. Früher sprach man von »Nervenzusammenbruch«, wenn jemand andere Menschen unpassenderweise grob oder schrill »weggebissen« hat, und wusste, das geht schnell wieder vorüber, besonders, wenn man verständnisvoll Unterstützung anbietet, damit sich die belastete Person erholen kann. Demgegenüber braucht die Erholung von einer Erschöpfungsdepression mehr Zeit – vor allem aber auch die genaue Erhebung und gezielte Veränderung der auslösenden Faktoren.

Heute, wo viele Menschen um die Erhaltung ihres Arbeitsplatzes zittern, meinen viele, sich keinerlei Pausen gönnen zu dürfen: Einerseits könnte einen ja jemand während der Abwesenheit verdrängen, andererseits wird Erholungsbedürftigkeit von vielen Vorgesetzten als bewusste Verunsicherungsstrategie mit Schwäche gleichgesetzt und damit als abnormal definiert, um unbezahlte Mehrleistungen erpressen zu können. Oft genug wiederholt und gehört, verankert sich dies dann als »Glaubenssatz«: Man übernimmt diese Sichtweise und verinnerlicht sie als »Mythos«, der nicht mehr hinterfragt wird – so wie niemand die Luftschneider in Hans Christian Andersens Märchen von »Des Kaisers neue Kleider« zu kritisieren wagt. Es braucht ein »unschuldiges«, noch

nicht zum Wohlverhalten »erzogenes«, d. h. zur Erkenntnis eigener Machtlosigkeit und damit Unterwürfigkeit indoktriniertes Kind, das in seiner Naivität die Spielregeln von Wegschauen und Schweigen bricht.
Ich bewerte es als hoch anerkennenswert, dass die Skistars der Wintersaison 2010/2011 erstmals gegen den inszenierten Geschwindigkeitsrausch protestierten und darauf hinwiesen: Auch wenn man das Material der Ausrüstungen noch weiter »verbessern« und widerstandsfreier machen würde – der menschliche Körper ist den rasanten Temposteigerungen nicht mehr gewachsen. Auch wenn kaum jemand mit dieser Realität konfrontiert werden will: Er ist zerbrechlich. Er ist sterblich.
Genauso ist es in der Arbeitswelt: Der menschliche Körper ist auf Balance angewiesen, er braucht Erholungspausen, er kann nicht immer nur abgeben, er muss auch aufnehmen. Und dafür braucht er Zeit und: spendende Beziehungen.
Im Endeffekt geht es immer um den Umgang mit Energie: Entweder man verausgabt sich, weil man Ziele oder die Wege dahin und die dazu nötigen Ressourcen unrealistisch einschätzt – oder man beraubt andere.

Überlebenstechnik

Wer seinen Durst gelöscht hat,
kehrt gleich der Quelle den Rücken.
M. Thau[166]

Auch auf Kaktusmenschen trifft zu, was oft den Hintergrund von sozialer Inkompetenz darstellt. Ich zähle dazu drei wesentliche, fast immer unbewusste Motivationen: Die erste sehe ich als Überlebenstechnik, die zweite als Selbstheilungsversuch, die dritte aber als selbstrechtfertigten Machtmissbrauch.[167]

Überlebenstechnik ist dort zu finden, wo jemand sich in einem Kakteenhain befindet, also von Gleichgesinnten umgeben ist: Möglicherweise wird diese Person von diesen aufgestachelt, sich gruppenkonform zu verhalten. Sie wird dann zusätzlich zur eigenen Disposition auf Grund ihrer Kindheitserfahrungen noch von der Gruppenatmosphäre angesteckt. In der Arbeitswelt findet man dies vor allem bei Managern ausländischer Firmen, die von ihren fernen Vorgesetzten, die ja nicht in Konfrontation mit der Belegschaft vor Ort stehen, beauftragt werden, mehr Leistung aus der Mitarbeiterschaft herauszupressen oder Personal freizusetzen.

Aber auch in rein heimischen Betrieben finden sich solche SozialsadistInnen, die im vorauseilenden Gehorsam Sätze ihrer Auftraggeberschaft so uminterpretieren, dass sie in scheinbarer Auftragserfüllung ihr Mütchen »kühlen« können.

So bekam ein Spitzenmanager von seinem quasi Eigentümer den Auftrag, einen verdienstvollen Mitarbeiter durch jemand jüngeren zu ersetzen, weil große Innovationen geplant waren und man dem erfahrenen Kollegen die Bewältigung dieser Aufgabe nicht zutraute – allerdings mit dem Zusatz, es möge eine »menschliche Lösung« gefunden werden. Der Spitzenmanager, der dem Kollegen kurz zuvor versichert hatte, dieser brauche sich keine Sorgen um seinen Verbleib zu machen, er werde wie ein Löwe für ihn kämpfen, erfüllte den Auftrag derart, dass er dem nunmehr Gekündigten mitteilte, es tue ihm zwar »menschlich leid«, aber er habe sich eben nicht durchsetzen können. Auf Nachfrage beim quasi Eigentümer erfuhr der nunmehr Arbeitssuchende, der hätte gemeint, der

Spitzenmanager solle eine andere Aufgabe im Konzern finden oder auch erfinden … und vom Löwenkampf war auch nichts zu bemerken gewesen.

Selbstheilungsversuche

Die Verzweiflung der meisten ist nicht demütig,
sondern stolz. Sie beichten nicht ihre Böswilligkeit,
sondern ihre Schwäche oder »Wehrlosigkeit«.
Sie suchen auch keine Vergebung, sondern Anerkennung.
M. Thau[168]

»Das Fehlen oder die Gegenwart eines helfenden Zeugen in der Kindheit entscheidet darüber, ob ein misshandeltes Kind zum Despoten wird oder zum Künstler, der über sein Leiden berichten kann«, weiß die Schweizer Psychoanalytikerin Alice Miller.[169] Aber nicht jeder Mensch hat die Begabung oder den ersatzweisen Fleiß, seine Gefühle in Sprache und Schrift, in Bild und Ton, in Bewegung oder in Stein auszudrücken. Aus zu drücken. Dann bietet sich als Alternative der Versuch an, durch Nachahmung zu kommunizieren, was einem selbst angetan wurde – in der unbewussten Hoffnung, dass die Inszenierung irgendwann einmal unterbrochen, abgebrochen, zerbrochen wird und aus den Bruchstücken etwas Neues, Besseres entstehen kann.

In Märchen geschieht dies durch eine Gewalttat – wie etwa im »Froschkönig«, dessen unverschämten Forderungen eine Grenze gesetzt wird, indem er an die Wand gedonnert wird –, oder durch Tränen – wie in den Märchen von den versteinerten, d.h. depressiven Prinzen: In »1001 Nacht« gibt es solch

einen oder in meinem Lieblingsmärchen »Prinzessin Silberweiß« –, oder durch den Kuss der Liebe – wie in den Märchen mit dem Motiv vom Tierbräutigam wie in »Die Schöne und das Biest« oder der traumatisierten Prinzessin im »Dornröschen«.
In der Realität findet die Grenzsetzung, wenn überhaupt, durch die Gerichte statt und dort erfährt man meist nur, wie die gewohnte Inszenierung von Demütigung und Bestrafung in anderer Weise wiederholt wird.

Machtspiele

Oft klagt ein Mensch mir, wie sein Chef ihn dauernd schikaniert,
da ist die Zeit gekommen, dass man mit ihm Freud studiert,
die wahre Stärke ist's, dem Chef lächelnd zu verzeih'n,
und der Esel fällt schon irgendeinmal in den Bach hinein.
K. Winterstein[170]

Zwischen Machtspielen – »Power Plays« (im Gegensatz zu »Games« wie »Mensch ärgere dich nicht« oder Federball) in der Sprache der Transaktionsanalyse – und Machtmissbrauch besteht ein großer Unterschied: Im ersten Fall wird abgetestet, spielerisch verharmlost oder auch sadistisch dramatisiert, wenn man aber ernsthaft die fällige Grenze setzt, wird sie respektiert; allerdings wird erst sehr spät – meist erst bei polizeilicher oder gerichtlicher Verstärkung – der Ernst erkannt.
Kaktusmenschen wollen selten absichtlich Machtspiele spielen, auch wenn es so aussieht. Sie wollen im Eigentlichen nur ihre permanente Verbitterung loswerden und suchen sich ein

passendes Opfer, meist die Ehefrau; diese pflegt aus Loyalität zu schweigen, außerdem wird ihr kaum geglaubt, weil Kaktusehemänner in der Öffentlichkeit auf charmant spielen. Aber auch Verbitterung ist eine seelische Entgleisung; deswegen wird dem Posttraumatischen Belastungssyndrom oft das Posttraumatische Verbitterungssyndrom zur Seite gestellt. Verbitterung ist eine unter vielen Möglichkeiten, auf Enttäuschungen zu reagieren. Manche sind enttäuscht, dass sie unter Familiendruck oder Manipulation geheiratet haben, nehmen aber die Verantwortung nicht auf sich, sondern schieben sie anderen zu, die sie dann anfeinden; oder sie sind enttäuscht, weil die Ehefrau nach Geburten nicht mehr so gertenschlank ist wie vordem oder weniger Zeit für den Partner aufwenden kann; oder weil die Partnerperson eine Fortbildung begonnen hat oder erfolgreicher ist etc. Die gleichen Bilder zeigen sich im Beruf, nur heißt es dort: den falschen Beruf gewählt, Chefwechsel, erfolgreichere Kollegen oder einfach nur: die erwartete Beglückung fiel aus.

Transaktionsanalytisch betrachtet gibt es dann mehrere Möglichkeiten, wie jemand reagieren kann:

- Gehorsam und duldsam oder weinerlich, jedenfalls unter Zurückhaltung der Energie, die notwendig wäre, um aktiv an einer Veränderung – von sich selbst oder den Umständen – zu arbeiten; die Transaktionsanalyse spricht dann vom Zustand des angepassten Kindheits-Ich, in diesem Fall des »braven« bzw. depressiven; Verbitterung könnte man hier zuordnen. Es gibt aber noch andere Kindheits-Ich-Phänomene wie halbstarke Reaktionen oder humorvolle Kreativität. Die Kommunikation läuft »schief«, nämlich »von unten hinauf« zu den »Großen«.
- Im so genannten Erwachsenen-Ich wird die Realität zur Kenntnis genommen und eine selbst-bewusste Anpas-

sungsstrategie bedacht; mit Bravheit hat das dann nichts mehr zu tun, sondern mit reifer Entscheidungskraft. Man »spielt« nicht mit seiner Energie wie in den anderen Ich-Zuständen, sondern setzt sie sinnvoll ein.

- Im so genannten Eltern-Ich hingegen wird »von oben herab« kommuniziert: Die »unten« werden als klein erlebt oder klein gemacht. Die Transaktionsanalyse unterscheidet dabei das liebevolle Eltern-Ich, das die »Kleinen« niederstreichelt und an Wachstum und Selbstbestimmung hindert, und das kritische, nörgelnde, verfolgende Eltern-Ich, in der Fachliteratur auch als »pig parent« (Schweineeltern-Ich) bezeichnet. Dieses »Vorbild« haben fast alle Menschen aufgepfropft bekommen und viele ahmen es unbedacht nach – vor allem wenn sie in einer Chefposition sind. Mit Förderung hat das nichts zu tun – es ist reiner Machtmissbrauch. Reale Eltern, denen Förderung ihrer Kinder echt am Herzen liegt, agieren immer aus dem Erwachsenen-Ich – sie wissen, was sie mit Machtdemonstrationen an Gesundheitsschäden anrichten können und vermeiden sie deshalb.

Auch manche Ehepartner oder Eltern spielen Chef gegenüber ihren oft devoten Angehörigen. Dann kann man pseudoscherzhafte Aussprüche hören wie »Bei uns ist meine Frau der Boss!« oder, auf ein Ressort eingeschränkt, »der Finanzminister« (man beachte die männliche Sprachform!). Es gibt aber auch in der Berufswelt solche Rollenspiele. So erinnere ich mich an einen jungen Abteilungsleiter, einen akademischen Forstexperten, der an seinem doppelt so alten Chauffeur verzweifelte, weil dieser bei Fahrten ins Revier immer an einer bestimmten Stelle anhielt, um ins dort befindliche Wirtshaus zu gehen; auf die Abmahnung seines Vorgesetzten, das sei eine unzumutbare Zeitvergeudung und Dienstverletzung, antwortete der sture Untergebene, »Das habe ich immer so gemacht!«. Auch bei Androhung disziplinärer Maßnahmen blieb der Fahrer starrsinnig. Als der Diplomingenieur diese Dienstverweigerung konsequent, d. h. durchaus im Erwachsenen-Ich, ahnden wollte, legte sich der Personalvertreter quer: Man solle doch nicht so böse zu dem kurz vor der Pensionierung stehenden Mitarbeiter sein – eine klassische Aktion aus dem niederstreichelnden Eltern-Ich. Der Zeitlauf der Behandlung dieser Aktion des Chauffeurs aus dem rebellischen Kindheits-Ich nützte diesem – er erreichte die Zeitgrenze, an der Urlaube und Krankenstände die Zeitspanne bis zum Pensionsantritt füllten. Eine klare Niederlage für den Vorgesetzten.

Viele Menschen wählen daher das quälende Schweigen und Ignorieren, um sich derartige Machtkämpfe zu ersparen. Sie tun so, als ob sie nichts bemerkten und verweigern jegliche Kommunikation zur Klärung der Situation. Unzivilisierte – »archaische« – Verhaltensweisen werden daher auch gerne dem »Reptiliengehirn«, sprich Stammhirn zugeschrieben; dazu gehört auch das Wegdrehen. Wer schon einmal versucht hat, einem Tier etwas zu fressen zu geben, das dieses nicht will, kennt das beleidigte Abwenden des Kopfes; Babys machen es genauso. Und manche Männer. Bei Frauen habe ich das noch nicht beobachten können, sondern sehe, wie sie das Kinn gegen die Brust drücken und die Mundwinkel herabziehen.

Machtmissbrauch findet nicht nur auf juristischer Ebene statt. Schikane bedeutet im rechtlichen Sinn die Ausübung eines Rechtes zum offensichtlichen Nachteil eines anderen. Kaktusbosse sind darin Meister. Ein beliebtes Betätigungsfeld sind Ansuchen um Dienstreisen oder Fortbildungsveranstaltungen. So betreute ich jahrelang eine Ministerialrätin, zu deren Aufgabengebiet die Vertretung Österreichs bei internationalen Kongressen und die nachfolgende Berichterstattung an den Minister zählten. Die Bewilligungen für ihre frühzeitig abgegebenen Dienstreiseansuchen erhielt sie regelmäßig einen Tag nach Ende des Kongresses. Damit gab ihr der Vorgesetzte, der einen anderen akademischen Abschluss sein eigen nannte als sie, zu verstehen, dass er sie für nicht qualifiziert hielt.

Ich rate in solchen Fällen zu einer Energieverlagerung: Wenn man sich zu sehr um den Kaktusmenschen bemüht, verliert man nur Kraft und Lebensfreude; besser ist es, seine Aufmerksamkeit der Verbindung mit der Kollegenschaft zu widmen, möglicherweise ergibt sich aus solch größerer Nähe Beistand, Lob und Rückendeckung. Eine andere Möglichkeit ist die Reviererweiterung, z. B. durch Übernahme von dazupassenden Funktionen, oder Reviergänzung: etwas Neues lernen. Der zitierten Ministerialrätin riet ich dazu, ihr spezifisches internationales Fachwissen universitär weiterzugeben. Das verbesserte zwar die Kommunikation mit ihrem Vorgesetzten in keiner Weise, schaffte ihr aber Ansehen und Anerkennung und damit mehr an Energiezuwachs, als sie in kleinlichem Machtkampf mit dem Sektionschef verlor.

Einen Kaktus lieben

Die Liebe sieht die Rosen ohne Dornen.
Deutsches Sprichwort

Wenn man von Liebe spricht, ist es vorab sinnvoll, zwischen verschiedenen Gefühlen zu differenzieren: Handelt es sich um Verliebtheit oder gar Romanzensucht, sexuelle Fantasien oder bereits zielgerichtetes sexuelles Begehren, ungerichtete sexuelle Erregung samt folgender Suche nach einem geeigneten »Objekt« oder schon Sexsucht, Sehnsucht nach Zärtlichkeit oder etwa Beziehungssucht, Hörigkeit oder echte Liebe.

Diese Unterscheidung ist deshalb wichtig, weil heute die überreich dargebotenen Liebesszenen in Film und Fernsehen zu emotionalen Spiegelungsprozessen anregen, aber das, was hier beobachtbar wird, zeigt Sympathie, Flirt, all die vielen Formen von Kontaktaufnahme, Anbahnung von körperlicher Nähe, vielleicht noch Leidenschaft und den Zeugungsakt (andere Formen von Geschlechtsverkehr bleiben meistens doch noch den Pornofilmen vorbehalten) – tiefe Liebe zeigen sie nicht. Von ihr erfährt man aus den gesprochenen Texten, und da liegt es an der – leider seltenen – Kunst der Schauspieler, mit ihrer Stimme Liebe zu vermitteln.

»Das *Gehörte* dringt in den *hörenden* Menschen ein – und dieses Eindringen bedeutet immer ein wenig, was das Eindringen in der Liebe bedeutet«, weiß der Musikjournalist Joachim-Ernst Berendt. »Man ist ver-bunden, und die beiden, die da verbunden sind, sind zumindest in diesem Moment nicht mehr ganz frei.«[171] Dass Ungeborene im Mutterleib bereits sensibel hören, auch bei Ungetön erschrecken, kann als bekannt vorausgesetzt werden. Deswegen ist es nicht unerheblich, ob und wie man sie anspricht; bei allen Geborenen ja ebenso. »Sehen führt in die Freiheit, Hören in die Geborgenheit«, heißt es bei Berendt weiter, aber beide Tendenzen können »defizient«, d. h. fehlerhaft im Sinne von kontraproduktiv werden: »Freiheit wird dann zur Bindungslosigkeit, Geborgenheit kann zu Gehören und Gehorchen führen, am Ende zu Hörigkeit.«

Genau das ist immer die Gefahr, wenn man sich verliebt: keine erwachsene Beziehung aufzunehmen, sondern eine Sohn-Mutter- oder Tochter-Vater-Beziehung; solche »schiefen« Beziehungen sind dadurch gekennzeichnet, dass jeder Teil vom anderen etwas Bestimmtes erwartet – eben genau das, was man in der Elternbeziehung bekommen oder eben auch nicht bekommen hat. Da es aber schon in den Primärbeziehungen der frühesten Kindheit zumeist an väterlicher, oft auch mütterlicher Zuwendung und Zärtlichkeit gemangelt hat, wählen viele Menschen traumwandlerisch wieder Partnerpersonen, bei denen sie die gewohnten Beziehungsmuster erneut erleben.

Ich sehe dieses Phänomen als eine der Quellen des seit den 1970er Jahren zunehmenden »Psycho-Booms«: Die Väter der Kriegsgeneration waren weg – tot, vermisst, abgängig oder, wenn da, dann in der Bewältigung ihrer körperlichen und seelischen Verletzungen verfangen –, die Mütter mit der doppelten Elternrolle und ungewohnter Erwerbstätigkeit überlastet, und alle innerlich gespalten zwischen dem Schweigen über Vergangenes und Hoffen auf Wiederaufbau gleichsam als Heilung. Den Nachkommen blieb nur die Wahl zwischen Anpassung an das elterliche Vorleben oder Kritik am elterlichen Vor-Leben. Sie wählten vielfach ein Drittes – die Heile-

Welt-Vorbilder aus den nunmehr reichlich nach Europa strömenden US-Filmen. Dass das dort propagierte Beziehungsmodell Doris Day und Rock Hudson nicht alltagstauglich war, erkannte diese Generation spät oder gar nicht, machte jeweils den anderen dafür verantwortlich – dafür gab es ja Vorbilder aus der Politik – und ließ sich scheiden (was vorher auf Grund der sozialen Ächtung fast ein Ding der Unmöglichkeit war – aber auch dafür lieferten die USA und die Hollywood-Stars das Vorbild).
Jede Liebesbeziehung kann aus symmetrischem Einanderzustreben in ein schiefes Manipulieren abrutschen. Das ist an und für sich nicht so schlimm, wenn solch ein »Spiel« nur vorübergehend ist, erkannt und beizeiten wohlwollend wieder zurechtgerückt wird. Schlimm wird es dann, wenn einer der beiden aus dem kritischen Eltern-Ich reagiert und sich als Rechter und Richter aufspielt.

Elternreaktion Kritik

> *Ohne es zu wissen, zwingt der Erwachsene dem Kind seinen Willen auf, obwohl er sich ihm mit der größten Elternliebe zuzuwenden scheint. Er ist intrinsisch pervers, wenn er das Kind anzieht, betört und an die Sexualität heranführt. Er ist autoritär, wenn er verbietet.*
>
> A. Eiguer[172]

Allein der seinerzeit oft gehörte Tonfall nörgelnder oder strafender Eltern genügt häufig, um wenig wehrhafte Personen ins Kindheits-Ich abstürzen zu lassen. »Menschen, die dem Langzeitstress einer toxischen Beziehung ausgesetzt sind oder waren, können nicht klar denken«, erinnert Harriet Braiker, denn: »Intensiver Stress schadet dem kognitiven Denkvermögen.«[173] Genau dieses kognitive Entschlüsseln des Einschüchterungsspieles braucht man aber, um sich einerseits von der kindlichen Stressreaktion, andererseits auch von erlernten Schuldgefühlen zu befreien.

Manche Eltern geben sich gegenüber ihren Kindern ernst, traurig oder mürrisch, ohne ihnen jemals zu sagen, warum. Das kann man gut bei Umberto Eco in seiner Analyse der Charaktere in Allessandro Manzonis »I promessi sposi« (»Die Verlobten«) nachlesen.[174] Sie »brechen in die Seelenwelt erst des Säuglings, dann des Kindes ein: Sie lenken, bremsen, rufen Kummer, ja sogar Schmerz hervor«[175], erinnert auch der französische Psychoanalytiker Alberto Eiguer. Und, ergänze ich, legen damit das Muster – das »Drehbuch« – für die die spätere Wahl von Liebespartnern und das zugehörige Beziehungsverhalten fast. Unsere ersten Liebesbeziehungen sind die zu den Eltern bzw. allenfalls deren Ersatzpersonen, und je mehr diese ihre Kinder – oder auch einander – abwehren, Unzufriedenheit äußern, an ihnen herumnörgeln, verachten, spotten, brüllen oder handgreiflich werden, desto duldsamer sind diese solchen Umgangsformen gegenüber als Erwachsene, erleben oft sogar eine Art »Entzugserscheinung«, wenn dieses »Gewohnte« fehlt.

Harriet Braiker erinnert: »Eine sichere Umgebung wird von Partnern geschaffen, die sich bemühen, miteinander aufrichtig zu sein, die Übereinkommen, Zusagen, Kontrakte und Versprechen erfüllen und durch ihr Verhalten Beständigkeit und Verlässlichkeit signalisieren. Mit diesen Mitteln wird das gegenseitige Vertrauen bestärkt.«[176] Auch Eltern sollten sich bewusst sein, dass es ihre primäre Aufgabe ist, vor allem für ihre Kinder solch eine sichere Umgebung aufzubauen. Tatsächlich nehmen sich aber viele Eltern den Kindern wie auch einander gegenüber das »Recht« heraus, Vereinbarungen nicht einzuhalten, sondern nach Lust und Laune zu vergessen, abzustreiten oder auch kaltschnäuzig zu brechen. Kaktusmenschen finden überhaupt nichts dabei, andere derart zu enttäuschen; die sind ja selber schuld, sagen sie, hätten sie halt keine Erwartungen gehabt … aber Kinder haben keine Erwartungen, sondern Bedürfnisse, und Erwachsene ebenso. Und auch Kaktusmenschen haben welche, nur wollen sie das nicht wahrhaben, daher haben sie sie auf das lebensnotwendige Minimum herabgeschraubt; wenn sie mehr bekommen, als sie selbst erwartet haben, reagieren sie bestenfalls verwundert, schlimmstenfalls wieder kritisch: Da muss doch was dahinter stecken, warum täten sich andere denn solche Bemühungen an …?

Kaktusmenschen sehen andere nicht auf Augenhöhe, sondern wegen ihrer vermeintlich fehlenden Gleichwertigkeit nur schemenhaft, wenn sie sie überhaupt wahrnehmen und nicht übersehen. Wenn sie nicht aus eigenem Antrieb bewusst auf andere zugegangen sind, fühlen sie sich belästigt, und das lassen sie diejenigen spüren, die noch die Spontaneität des unschuldigen Kindes besitzen und auch bewahren wollen.

Dabei ist es ja das Wesentlichste in einer Liebesbeziehung, sich zu *ein*igen. Aber wo sollten Kinder dazu ein täglich überprüfbares Vorbild finden, wenn nicht bei ihren Eltern? Doch wie soll jemand Liebe geben können, wenn er oder sie sich selbst nicht lieben kann – und darf, weil das, wie es früher üblich war, von den Eltern verboten wurde?

Sozialhistorisch sind diese Liebesverbote leicht erklärbar: Der soldatische Mann sollte nicht lieben, denn sonst wäre er weder als Tötungsmaschine einsetzbar noch könnte man sicher sein, dass er nicht zu seinen Lieben desertieren würde; die unterwürfige Frau sollte nicht lieben, damit sie von ihren Eltern nach deren Gutdünken ohne Widerstreben bestmöglich gewinnträchtig verheiratet werden konnte. Eltern sollten nicht lieben, damit sie ihre Kinder stramm nach diesen Prinzipien erzögen. Als ich Anfang der 1970er Jahre meine Söhne zur Welt brachte, warnte mich meine Mutter andauernd, ich würde sie verziehen, weil ich sie fast den ganzen Tag am Leib trug und streichelte. Dieser Negaholismus bewahrheitete sich nicht. Tatsächlich spiegelt der eine charakterlich seinen Vater, der andere mich. Verzogen sind beide nie gewesen, allerdings sind beide auffallend empfindsam.

Mythologisierungen

Die Schikane produziert Illusionen,
um sie zerstören zu können.
H.-J. Seemann/R. Meier[177]

Die von mir Kaktusmenschen genannten Personen entsprechen nicht den Klischees von stets wohlwollenden, gütigen und förderlichen Eltern, Chefs oder Geliebten. Sie entsprechen klinischen Diagnosen. Aber wie gelungene Psychotherapien zeigen, hilft echte Akzeptanz, Einfühlung und Wahrhaftigkeit auch sehr abweisenden Menschen, ihre längst vergessenen Bedürfnisse ins Bewusstsein zu lassen und zu ertragen, auch wenn sie nicht erfüllt wurden bzw. werden. Der gängige Ausdruck dafür ist Trauerarbeit. So schreibt Nathan Schwartz-Salant, »Der Borderline-Patient macht häufig einen sprunghaften Fortschritt in seiner Individuation, wenn es ihm möglich wird, Hass zu ertragen, nicht nur den eigenen Hass, sondern auch die Kränkung, Zielscheibe für die Bosheit eines anderen zu sein.«[178] Ich ergänze: Genau diese Lernaufgabe haben aber auch alle, die mit ihm in Beziehung treten. Genau deswegen ist es hilfreich, die eigenen Glaubensüberzeugungen – »Mythen« – zu hinterfragen. Ein Paar Beispiele zur Verdeutlichung: Zu den gängigen Frauen-Mythen zählen etwa die Großmutter-Weisheiten,

- wenn ein Mann eine Frau will, bedrängt er sie (geht auf sie zu) – wenn er sich ihr nicht nähert, will er sie nicht,
- wenn ein Mann eine Frau will (an sie denkt), ruft er sie an – wenn er sie nicht anruft, will er sie nicht,
- wenn ein Mann eine Frau will (an sie denkt), gibt er ihr Signale – wenn er keine Signale gibt, will er sie nicht,
- wenn ein Mann eine Frau will, greift er nach ihr – wenn er nicht nach ihr greift … usw. usf.

Joachim Bauer etwa bezieht sich immer wieder auf das so genannte Thomas-Theorem – benannt nach dem US-Soziologen William Isaac Thomas (1863–1947) – von der selbst-erfüllenden Autosuggestion. Hinsichtlich angeblich natürlicher Geschlechterdifferenzen, warnt der Neurobiologe, könne man leicht bei »pseudowissenschaftlichen Thesen« landen, »wie jener, dass Frauen angeblich schlechter einparken, dafür aber – selbstverständlich ›naturbedingt‹ – permanent rote Schuhe kaufen.« Er schreibt: »Wenn es um Verhaltensunterschiede der Geschlechter geht, kann es nicht nur dann zu Verzerrungen kommen, wenn sozial bedingte Unterschiede fälschlicherweise biologisch begründet werden. Auch umgekehrt sind Verfälschungen denkbar: Oft wird es als ›politisch nicht korrekt‹ angesehen, Verschiedenheiten im Geschlechterverhalten als tatsächlich biologisch mitbedingt anzuerkennen.«[179] Ich möchte dazu zweierlei anmerken. Zuerst: »Politisch nicht korrekt« besagt nicht, dass etwas ebenso nicht wissenschaftlich korrekt ist – es sagt nur aus, dass es einer politischen Sichtweise zuwider ist. Danach: Mir geht es in meiner Sichtweise darum zu zeigen, wie Menschen manipuliert werden, wie jemand zum Manipulator gemacht wird und wie man andere, salutogenere – d. h. Gesundheit förderndere – Kommunikationsformen entwickeln und anwenden kann, wenn man ein Ziel verwirklichen will.

Und dann gibt es noch den Mythos, »Die Ehefrau hat die Aufgabe, ihren Mann glücklich zu machen – ihn gut zu füttern, sexuell zu befriedigen und sein Ego permanent zu stärken« samt Fortsetzung: »Sollte er fremdgehen …, hält die kluge Frau ihren Mund, behält ihre verletzten Gefühle für sich und kniet sich stattdessen noch mehr in die Aufgabe, ihm Heim und Herd so begehrenswert wie möglich erscheinen zu lassen.«[180] Die komplementären Männermythen lauten: Ein Mann hat sich immer durchzusetzen, und wenn man ihm nicht folgt, hat er das Recht zu bestrafen, und das auch mit »adäquater« Gewalt. Was dabei weggelassen wird, ist der Hinweis, dass dies im Rahmen einer militärischen oder paramilitärischen Organisation aus Tradition Geltung beansprucht – »Zum Befehl gehört es, dass er keinen Widerspruch erlaubt«, erinnern Hans-Jürgen Seemann und Rainer Meier[181] –, keineswegs aber im Alltag eine brauchbare Regel zu Befriedung und Befriedigung darstellt; außerdem dient Bestrafung nur der Abfuhr von Rachegefühlen, nicht aber der Abschreckung, wie man an Wiederholungstätern merkt (die sich fast immer als schlauer als das Gesetz dünken), und schon gar nicht dem Erlernen von erwünschtem Sozialverhalten!

Mythos, so habe ich es in meiner systemischen Sexualtherapieausbildung gelernt, beinhaltet: Man darf ihn nicht in Frage stellen. (Dem dient auch der »Natur«-Mythos: »Wenn eine Gesellschaft etwas als ›natürlich‹ erklärt, will sie damit nur ausdrücken, dass sie etwas für unangreifbar wünscht. Dagegen bedeutet das Etikett ›unnatürlich‹, dass das damit gekennzeichnete Verhalten missbilligt wird und von jedermann angegriffen werden kann«, betont der Psychologe und Jurist Volker Elis Pilgrim.[182])

Mythen spiegeln nicht unbedingt Realitäten wider, sondern symbolisieren erwünschte Ordnungen: wer sich wem unterordnen soll. Unterwerfung ist aber keine geeignete Verhaltensweise, um Wertschätzung zu gewinnen. Was unten liegt, sieht man ebenso wenig gut wie das, was weit über einem thront.

Außerdem verhindern Mythen, dass man die andere Person wahrnimmt – wahr nimmt –, man schätzt sie nach Checklist ein. Mir hat einmal solch ein Kaktusmann zur Erklärung seines zurückhaltenden Kommunikationsverhaltens gesagt: »Ich kann dich nicht einschätzen.« Ich war auf diese Aussage hin so perplex, dass ich keine Antwort fand. Einerseits gefiel mir diese Ehrlichkeit, andererseits bäumte sich in mir der Widerstand auf, denn ich will nicht »eingeschätzt« werden sondern »wertgeschätzt«.

Zur Wertschätzung gehört der Dialog auf gleicher Augenhöhe. Den gilt es unbeirrt durchzuhalten, wenn man einen Kaktusmenschen liebt – egal wie überheblich, abwertend oder verletzend er oder sie sich benimmt, wenn er jemand auf Distanz halten will und dazu seine Stacheln und Dornen einsetzt.

Wenn er oder sie Distanz braucht, kann man als liebender Mensch ja freiwillig zurücktreten – so wie die wahre Mutter im Salomonischen Gleichnis zu Gunsten der falschen Mutter auf ihr Kind zu verzichten bereit ist, als es zur Konfliktlösung halbiert werden soll. Das macht den Unterschied aus zwischen lieben und besitzen.

Wenn Frauen zu sehr lieben

Die Frau öffnet sich dem Embryo gegenüber blind.
Ein Mann kann noch so brutal, fies, gewalttätig sein –
je mehr er es ist, umso embryonaler zeigt er sich –,
er findet Frauen, die ihn »unter ihre Fittiche« nehmen.
V. E. Pilgrim[183]

Es gibt Bücher, die haben vor allem deswegen Erfolg, weil sich eine zahlreiche Leserschaft bereits im Titel wiederfindet. »Wenn Frauen zu sehr lieben« von Robin Norwood war solch ein Buch. Inhaltlich versuchte es aufzuzeigen, dass Frauen, die sich immer wieder an »Minusmänner« wie Drogenabhängige und andere Suchtkranke, chronische Schuldenmacher oder Gefängnisdauergäste binden, die Anleitung dazu bereits in ihrer Vaterbeziehung erworben haben. Meine Erfahrung zeigt: Auch eine geliebte Mutter kann den Auslöser für solch ein, ich schreibe bewusst, »süchtiges« Paarungsverhalten bieten, beispielsweise wenn sie depressiv ist und deshalb kommunikationsunfähig. So erinnere ich mich an eine Klientin, eine Musikerin, deren depressive Mutter den ganzen Tag auf dem Sofa gelegen hatte, mit dem Gesicht zur Wand, und durch nichts zu einer Antwort zu bewegen war. Nur wenn ihre Tochter musizierte, seufzte sie gelegentlich »Hör nicht auf!«. Als erwachsene Frau mühte sich diese Patientin, ihren schweigsamen Partner zum Reden zu bringen – vergebens. Aber vor lauter Konzentration auf dieses Ziel verabsäumte sie es, in sich hineinzuhorchen, um die Antwort darauf zu finden, was sie in dieser Beziehung suche und was sie gewinne, gewinnen könne, vor allem aber, ob ihr das genüge.

Umgekehrt sind es oft Männer, die meinen, ihren Partnerinnen nicht das geben zu können, von dem sie wähnen, dass diese das erhofften – was immer das auch sei –, und sie daher ruppig abwehren. Oft hängt das mit sexuellem Unvermögen zusammen. Ich erinnere mich an einen Endsechziger, der nach dem Tod seiner Ehefrau lange allein gelebt hatte; als wieder eine Frau in sein Leben trat, suchte er therapeutische Hilfe wegen seiner plötzlich auftretenden Herzbeschwerden und Panikattacken. In der Therapie stellte sich heraus, dass er eigentlich Angst vor sexuellem Versagen hatte, daher unbewusst die Frau zumindest so fern von sich halten wollte, dass er nicht »seinen Mann stehen« musste. Seine nicht organisch bedingten körperlichen Symptome waren ihm dabei hilfreiche Schutzmechanismen. Ob die gleichaltrige Frau überhaupt ähnliche Fantasien hatte wie er, wagte er nicht zu erfragen. Nach dem, was er mir berichtete, war dies vermutlich ohnedies nicht der Fall. Aber so wie der eine lernen muss, seinen Hass zu ertragen, müssen andere eben lernen, Angst auszuhalten oder Sehnsucht oder Verwirrung oder was es noch für Gefühle gibt, die das Selbstbild von Souveränität ins Wanken bringen.

»Sich für die Kränkung zu entscheiden, ist eine negative Entscheidung wie Scham, Verlegenheit oder Schmerz«, schreibt das Psychologenpaar Pease. »Diese Entscheidungen können anderen zeigen, dass man ein geringes Selbstwertgefühl hat, seine Gefühle nicht kontrollieren oder nicht spontan auf eine Situation reagieren kann.«[184] Aber ist »Kränkung« nicht nur

ein Wort für eine Emotion, die man auch ganz anders bezeichnen könnte?
Unser Sprachschatz ist nicht vollkommen. Immer wieder lernen wir neue Bezeichnungen kennen – warum sich nicht erlauben, »viele Worte zu machen«, um sich »aus-zu-drücken«? Es ist doch schon achtenswert, wenn man überhaupt spürt, dass etwas »etwas mit einem macht«; viele erlauben sich ja nicht einmal dieses Nachspüren, Nachfühlen, Nachdenken.
Hinter dem Phänomen der »zu sehr liebenden Frau« – bei Männern spricht man eher von Hörigkeit – liegt oft eine karitative Ader oder ein so genanntes Helfersyndrom; in diesem Fall wird der überfürsorglichen Person unterstellt, dass sie sich zur Ablenkung oder Abwehr eigener Bedürftigkeit eine geeignete »Patientenperson« sucht, die sie aus dem »liebevollen« Eltern-Ich heraus befürsorgen, sprich kontrollieren und auch hilfsbedürftig und klein halten kann. Dann braucht man nämlich auch keine Angst vor ihr haben.
Ein Spitzenbeamter kurz vor seinem Pensionsantritt fällt mir ein, der nicht verstehen konnte, weshalb ihn seine nur unwesentlich jüngere Frau verlassen hatte. »Ich habe doch alles für sie gemacht!«, klagte er und zählte auf: einkaufen, Wohnung putzen, sogar die Nylonstrümpfe habe er ihr gewaschen. »Und was hat sie machen *dürfen*?«, fragte ich provokant. Da sah er mich verständnislos an – für ihn war Lieben gleichbedeutend mit Beglückungsterrorismus.
So erinnere ich mich auch an einen Top-Manager aus der IT-Branche, der sehr zum Leidwesen seiner Ehefrau sein nicht unbeträchtliches Einkommen der Rettung einer Prostituierten widmete (übrigens ein klassisches Phänomen) – einer Kaktusfrau, die ihn demütigte und finanziell ausbeutete – sie wollte ja nichts von ihm, daher musste er zahlen, wenn er mit ihr beisammen sein wollte. In der Wohnung, die er ihr

gemietet hatte, wusste die ungebildete Frau mit sich nichts anzufangen, also war sie weiter Gast in ihrem »Milieu«; die Paardynamik dieser scheinbar ungleichen »Paarung« zeigte: Auch wenn er sich selbst sagte, dass er eben zu sehr liebe, konnte er durch diese Inszenierung sowohl seiner Ehefrau als auch der »Traviata« gegenüber Nähe vermeiden, sich einerseits als toller Hecht fühlen, sich andererseits in der Märtyrerrolle suhlen und dazu noch gelegentlich mit der auffallenden Frau an seiner Seite auf andere Männer herabsehen. Das präsentierte Gefühl der Kränkung diente hauptsächlich zur Vorwegnahme von Kritik.

Lieben

Wenn es nötig ist, hat der Liebende die Kraft zu warten.
Er zerstört nicht ungeduldig, was bei ihm selbst
oder bei andern zum Leben erwacht.
Margrit Erni[185]

Nach C. G. Jung besteht seelische Ganzheit in der Balance von Denken und Fühlen, körperlich Empfinden und Intuieren.[186] Viele Menschen verwechseln Gefühle denken mit Gefühle fühlen; sie halten sich für gefühlvoll, verlieren sich aber höchstens gelegentlich in – ungefährlichen – Sentimentalitäten, beispielsweise bei Tierfilmen. Wenn man Gefühle zulässt, dann spürt man sein Herz: Entweder zieht es sich angstvoll zusammen oder es weitet sich, immerhin ist es ja ein Muskel, daher gibt es auch so etwas wie Muskelkater – vor allem dann, wenn man nicht in den Muskel hinein atmet (was man beispielsweise bei seelischem Schmerz machen sollte, um ihn zu ertragen – und der kann in Beziehung zu einem Kaktusmenschen häufig auftreten, solange man noch keine souveräne Umgangsform gefunden hat!).

Wer sein Herz immer »zusammennimmt«, erlebt es oft als Überforderung, wenn es sich plötzlich ausdehnen will, um einen anderen Menschen »in sich aufzunehmen«. Es braucht Vertrauen, um sich dieser leibseelischen Erfahrung hinzugeben; die meisten Kaktusmenschen befinden sich aber im Zustand des Urmisstrauens (und wissen es gar nicht, weil sie ja noch keine gegenteiligen Erfahrungen besitzen) und bewerten daher zuerst einmal sich selbst und dann die Person, die bei ihnen diese Gefühlsverwirrung ausgelöst hat. Damit sind sie wieder im Kopf und nicht im Herzen.

»Die Trennung der Welt in Beobachter und Beobachtetes, in Subjekt und Objekt schafft Distanz, schafft Ferne«, erinnert Joachim-Ernst Berendt. »Aus der Distanz machen wir Fehler. Am besten können wir das beurteilen, was uns ganz nahe ist – aber eben dann hört sofort das Urteil – die *Ur-Teilung* – auf. Wir wissen einfach: So *ist* es. Je näher uns etwas ›auf den Leib‹ rückt, desto stärker verwandelt sich – auf gleitender Skala – das Urteilen in das Erfahren. Unsere stärksten Erfahrungen haben wir beim Einswerden. Umgekehrt: Wenn aus dem Einssein Nähe wird und aus der Nähe Distanz und aus der Distanz Ferne, dann geht das Erfahren und Teilnehmen in das Beobachten, Urteilen und – Ver-urteilen über. Wir ›gehen auf Distanz‹. Wir *müssen* auf Distanz gehen, um sehen zu können.« Und Berendt betont: »Bezüglich dessen, was wir erfahren haben, können wir nicht getäuscht werden. Das *wissen* wir. Hinsichtlich dessen aber, was wir beurteilen und beobachten, ist Täuschung möglich. Aus der Distanz, die das Auge schafft und braucht, können wir uns täuschen. In der Nähe, die unsere anderen Sinne brauchen – und in der sie sich erst entfalten! –, wird die Gefahr der Täuschung immer geringer.«[187]

Das Grundproblem, das sich für Menschen stellt, die einen Kaktusmenschen lieben, sehe ich nicht darin, sich eine dicke Haut wachsen zu lassen, um sich vor Verletzungen zu schützen bzw. sich immer aufs Neue der wiederholungsbedürftigen Selbstheilung zu unterziehen – oder den Kaktus zu entsorgen. Das geht alles leicht, wenn man nur verliebt ist oder sich aus anderen Gründen wie etwa Statusgewinn oder Mietkostenersparnis gepaart hat (alles Erfahrungen aus Paartherapien). Deswegen fragen Paartherapeuten ja auch, »Was hat Ihnen denn an Ihrem Partner/Ihrer Partnerin so gut gefallen, dass sie sich zusammengetan haben?« und bitten die beiden, sich dabei in die Augen zu sehen (was manchen nach langen Ehejahren ziemlich schwer fällt!). Dann können die Beziehungsexperten gleich sehen, ob noch ein Funke des alten Energieaustausches glimmt und neu entfacht werden kann – oder ob das Feuer erloschen ist. Und sie erfahren, was die seinerzeitige Anziehung ausgemacht hat; meist ist es genau das, was später die Beziehung belastet.

So antwortete einmal die Ehefrau eines »charmanten« Kaktusmannes auf diese Frage, »Er war immer so originell!«. Der Grund der Ehekrise (die dann auch in Scheidung mündete), war später seine Abenteuerlust: Der Unternehmer verschwand oft wochenlang auf Safari, Schlittenhunderennen oder in Dschungelcamps und ließ seine Ehefrau, eine kleine Angestellte in einem Wissenschaftsbetrieb, ohne Abmeldung mit seiner Kundschaft allein – wohl wissend, dass sie in ihrer Pflichterfüllung »halten« würde. Auf die umgekehrte Frage, was ihn denn an ihr angezogen hatte, gestand er mit abschätzigem Blick: »Sie war die einzige, die mich ›lassen‹ hat!«, um gleich zuzufügen: »Aber verstanden hat sie mich nie!«

Kontrolle

Das Wunschbild des Perversen ist, dass der andere ›böse‹ wird, was seine eigene Boshaftigkeit in den Normalzustand verwandeln würde.

M.-F- Hirigoyen[188]

Ich sehe das Grundproblem darin, die Nähe des Spürens allein herzustellen und gleichzeitig so viel Distanz zuzukoppeln, dass man das eigene Fühlen kognitiv kontrollieren kann.

»Die gegenwärtige Tendenz geht dahin, das Paar nicht mehr als eine transzendente Einheit zu sehen, sondern als Verbindung zweier Menschen, die sich weniger als Hälften einer größeren Einheit denn als eigenständige Wesenheiten begreifen«, doziert die französische Philosophin Elisabeth Badinter. »Man ist kaum noch bereit, um der Gemeinsamkeit willen etwas von sich aufzugeben. Die Übersteigerung des Ichs und der streitbare Individualismus stehen dem Leben zu zweit, wie wir es uns ersehnen, im Wege.«[189] Dem widerspreche ich: Badinter geht davon aus, dass dies auf beide Partnerpersonen zutrifft. Die psychotherapeutische Erfahrung zeigt aber, dass sich meist zwei unterschiedliche Menschen paaren – ein Eigenbrötler (»Schizoider« nach Riemann) und ein Nähe Suchender (»Depressiver«) bzw. ein Ordnungsliebender (»Zwanghafter«) und ein kreativer Chaot (»Hysterischer«).[190] Auch wenn die meisten Kaktusmenschen eher zu »schizoidem« und »zwanghaften« Lebensweisen neigen, gibt es diese Tendenzen mehr oder weniger in allen von uns. Deswegen verzichtet Anneliese Fuchs in ihrem Buch »Mein Charakter ist nicht mein Schicksal« auch auf die Riemann'schen Na-

mensgebungen und beschränkt sich auf die Bezeichnungen »Einser«, »Zweier«, »Dreier« und »Vierer«.
Ich verwende jetzt aber doch die Riemann'sche Nomenklatur, um zu erklären, weshalb Kaktusmenschen sich in »schizoiden« und »zwanghaften« Verhaltensweisen wohl, weil sicher fühlen. Nähe verlockt zur Aufgabe der seelischen wie auch körperlichen Grenzen – und genau diese Entgrenzung fürchten sie. So gestehen sie sich auch nicht ein, dass sie lieben, wenn ihr Herz ihnen einmal befiehlt, die gewohnte Kontrolle über sich – und auch die anderen – aufzugeben und sich »entblößt« zu zeigen.
»Die Abwertung des Liebesaktes durch Aurelius Augustinus hat sich als langer Schatten über das christliche Abendland gelegt«, schreibt der Ex-Priester und Religionsphilosoph Adolf Holl. »Wie die meisten Männer aus der Oberschicht seiner Zeit schämte sich der Kirchenvater über den Kontrollverlust seines Ego beim Geschlechtsverkehr, den er als Erniedrigung erlebte. Kompensiert hat Augustinus sein Scheitern in der gewöhnlichen Zweierbeziehung mit dem grandiosen Entwurf einer neuen Art von Intimität, in der Gott seine Ansprechperson wurde.«[191] Kurz darauf erkennt er die Ursache, die in Psychotherapien immer wieder erfahrbar wird: »Dann heißt es lernen, auf die Grundstörung zu achten, die im Säuglingsalter passiert ist, weil die Babys in der Regel schlecht geliebt werden.«[192]
Nicht, weil ihre Eltern sie nicht lieben wollten, füge ich hinzu, sondern weil sie an Verhalten nur weitergeben können, worüber sie selbst verfügen, und das ist meist kein Übermaß an Liebe. Holl schließt seine Überlegungen mit dem Resümee: »Ohne Grundstörung wäre Religion überflüssig.«[193] Dieser Ansicht bin ich nicht; das Gotteserleben in der Erfahrung echter Liebe kann man ja nicht nur in der Herzöffnung

auf ein unsichtbares Gegenüber erleben; ganz im Gegenteil sollte es gerade auch von Mensch zu Mensch möglich werden. Dort, wo dies leicht geschieht, bestehen wenig Entwicklungschancen; man lernt kaum etwas dazu. Aber dort zu lieben – ohne ein Gegengeschenk an Liebe einzufordern oder überhaupt zu erwarten –, wo Dornen und Stacheln zeigen, dass jemand die Wohltat des Geliebtwerdens nicht kennt, gar nicht kennen lernen mag, kann man über sich selbst hinauswachsen.

Im Endeffekt ist es eine bewusste Entscheidung, zu lieben, ohne zu kalkulieren: Lieben heißt, auf Erwartungen zu verzichten. Lieben braucht keine Tauschgeschäfte. Man muss sich nur fragen, ob das Gefühl der Liebe von Bedingungen abhängt – »Wenn du nicht so bist, wie ich dich brauche, kann ich dich nicht lieben« – oder es sich einstellt und währt, weil man die reine Existenz des anderen genießt (und dabei den papanca, den plappernden Affengeist, wie ihn die Buddhisten nennen, und das wertende Denken, insbesondere den Negaholismus, ausschalten kann). Solch eine Entscheidung zu treffen, bedeutet, auseinander zu halten, wo man sich dem anderen öffnen will und wo nicht, am eigenen seelisch-geistigen Wachstum zu arbeiten, die eigene Unabhängigkeit zu bewahren und Wünsche und Sehnsüchte als das zu erkennen, was sie sind: Wünsche und Sehnsüchte, keine Bezugsscheine für Verwirklichungen.

»Der allgemeine Aspekt ist der, dass man von einer perversen Persönlichkeit nicht erwarten kann, sie wäre in der Lage, sich zu ändern und ihre Mechanismen durch ein anderes, neurotisches oder normales Verhalten zu ersetzen. Vielmehr erfolgt ein innerer Wandel, bei dem eine Perversion in eine andere übergeht«, erinnert Alberto Eiguer.[194] Es ist das »Spiel« der anderen Person – und sie darf es ruhig spielen – allein. Mitzuspielen würde nur verhindern, dass sie sich ändern könnte – und das wäre wieder eine Form von Kontrolle und nicht Liebe. »Es ist, was es ist, sagt die Liebe« wusste der österreichische Lyriker Erich Fried[195]; Liebe liebt die Person, aber nicht deren Verhalten.

Schuldumkehr

Die Perversion der Täter ist es ja,
ihren Opfern die Schuld aufzubürden,
die sie selbst auf sich geladen haben.
H. Arnim-Ellissen[196]

Bei den »Spielen« nicht mitzuspielen, ist gar nicht so leicht – vor allem, wenn andere einem gute Ratschläge verpassen. Dazu gehören vor allem die Appelle, was man sich nicht gefallen lassen dürfe. Aber was man sich gefallen lassen will, hängt von der eigenen Widerstandskraft ab: Was für die eine Person komplett ihr Selbstvertrauen erschüttert, bedeutet für eine andere nur eine kleine, unwichtige Irritation.
Wenn mein Vater besonders unerträglich war, zitierte meine Mutter gerne, kaum war er aus dem Zimmer gegangen, schmunzelnd die Schlusszeile eines Gedichtes, das die Schauspielerin Camilla Horn in einem Rundfunkinterview zum Besten gegeben hatte. Sie lautete: »Das mach ich nun schon fünfzig Jahr und werde immer dümmer …« Dümmer bedeutete für sie: Sie flüchte sich in gespielte Verständnislosigkeit, dann brauche sie nicht mit ihm Endlosdiskussionen zu führen, die sie nicht interessierten. Dazu braucht es aber auch die Selbst-Bewusstheit, sich zuzugestehen, dass einen etwas

nicht interessiert, und das steht für viele Menschen im Widerspruch zu dem Mythos »Wenn man liebt, muss einen alles vom und am anderen interessieren«.

»Wenn Sie glauben, Opfer emotionaler Erpressung zu sein, sollten Sie sich unbedingt darüber klar werden, ob Sie diese Situation hinnehmen oder etwas dagegen unternehmen wollen«, rät das Ehepaar Pease, denn: »Andere werden Sie immer so behandeln, wie Sie es ihnen erlauben.« Und sie warnen: »Versuchen Sie nicht zu verstehen, was der Erpresser fühlt. Vergessen Sie nie, dass *Sie* erpresst werden und dass das einzig Wichtige *Ihre* Gefühle sind.« Und: »Versuchen Sie nie, den anderen Ihrerseits zu erpressen.«[197] Adolf Holl hingegen zitiert die Marschallin aus Richard Strauß' »Rosenkavalier« mit den Worten, »Und man ist dazu da, dass man's erträgt. Und in dem Wie, da liegt der ganze Unterschied. Leicht muss man sein, mit leichtem Herzen und leichten Händen halten und nehmen, halten und lassen.«[198]

Ich empfehle meinen KlientInnen gern eine Doppelstrategie: einerseits den Humor der »lächelnden Weisheit« einzuüben, der hilft, die Absurditäten zu erkennen, die manche »Wichtigkeiten« umrahmt; andererseits zu »wachsen«: sich aufzurichten, über sich hinaus zu wachsen, so weit, dass der Stich nicht ins Herz trifft, sondern vielleicht nur in die Wade. Außerdem sieht alles, von oben betrachtet, kleiner aus als von unten hinauf besehen.

Kaktusmenschen stellen oft Fallen, damit man hineintappt, Fehler macht und sie dann das Spiel »Jetzt hab ich dich endlich, du Schweinehund!«[199] spielen und ihre überschüssigen Energien loswerden können. Als mich Anfang der 1990er Jahre der selbsternannte Illustrierten-Sexpapst Ernest Bornemann mit Klagen verfolgte, weil er sich aufgrund meiner Analysen einiger seiner Publikationen zu Unrecht als Pädophilenverteidiger enttarnt wähnte, tröstete mich Peter Huemer, hochangesehener Erfinder etlicher ORF-Sendeformate, mit dem Satz: »Er schafft sich in dir einen Popanz, damit er auf den hinhauen kann!«

Unberührbare sind erfinderisch, wenn es darum geht, die Konfrontation auf Augenhöhe zu vermeiden – nicht nur die, die andere initiieren, sondern auch die, die sie selbst suchen könnten, um mehr von sich und ihren Wahrnehmungen herzuzeigen. Viele denken dabei, der empörte Angriff wäre die beste Verteidigung oder besser: die beste Methode, andere in die Flucht zu schlagen. Dann ist man wieder allein und unbehelligt. In einer Ehe bildet permanentes Querulantentum einen Scheidungsgrund wegen Zerrüttung. Aber, wie Seemann und Meier aufzeigen, »Wenn die Bosheit Schädliches tut, ohne daraus Nutzen zu ziehen, dann ist Vertrauen die konträre Handlungsweise, weil der Vertrauende Nützliches und Gutes tut, ohne den eigenen Nutzen dabei absehen zu können.«[200] Daraus ergibt sich genau der Ausweg aus dem Dilemma, den Kaktusmenschen flüchten oder ihm standhalten: bei sich bleiben und bei der eigenen Ethik, denn, so das Autorenduo: »Trotz struktureller Gemeinsamkeiten gibt es gewichtige Unterschiede: Nicht der Körper, die physische Identität des Opfers ist Ziel und Medium der schikanösen Gewalt, auch nicht der Schmerz, der empfindsame Ausdruck seiner Zerstörung; schikanöse Gewalt zerstört nicht die Selbstbeherrschung, sondern die Selbstachtung.«[201] Aber ob man sich die zerstören lässt, ist wieder eine eigene Entscheidung: Wenn man das böse Spiel erkannt hat, kann man – mit oder ohne Erklärung, auch das obliegt der eigenen Entscheidung – mit einem Lächeln das Mitspielen verweigern, Pause einlegen und, sofern man Lust dazu hat, dem anderen demonstrieren, dass man ihn auch mögen kann, wenn er oder sie »spinnt«. Ich sagte einmal lächelnd zu solch einem Unberührbaren, ich wüsste ohnedies, dass er »spinne« – worauf er eine halbe Stunde später mit einem Seufzen beglückt entlastet wiederholte: »Du hast ja gesagt, ich bin ein Spinner!« Er hatte sich verstanden gefühlt. »Erkannt« im biblischen Sinn. Harmonie hergestellt.

»Gott mag keine Aufregung«, weiß Adolf Holl.[202] Ich ergänze: »Und keine Unwahrheiten.« Wahrnehmen und wahrhaftig sein, das ist der erste Schritt der Salutogenese – Aufbau, Förderung und Bewahrung von Gesundheit, nicht nur der körperlichen, sondern auch der seelischen und geistigen.

Salutogenese

Die Sprache dient mit derselben Wendigkeit,
die Wahrheit zu verkünden und Lügen zu verbreiten.
A. Eiguer[203]

Wenn man liebt, ist man herzoffen und daher auch psychisch sehr verletzlich. Aber liegt in dieser Verletzlichkeit nicht auch wieder der Keim zum eigenen Kakteentum? Mir ist oft aufgefallen, dass Menschen sich verletzt fühlen, wenn der andere nicht so entgegenkommend ist, wie sie es erhoffen, aber das ist gar nicht der eigentliche Grund für dieses Schwächegefühl, sondern die Fantasie, es stünde eine unsichtbare Jury bereit, die »mangelnden Erfolg« zensurieren könnte. »Liebe verlangt nach Ausdruck – verbalem und nonverbalem –, um adäquat empfunden und mitgeteilt, verstärkt und erwidert zu werden«, schreibt Harriet Braiker. »Freundliche Gefühle, die keinen Ausdruck finden, können nicht in Altruismus oder Großzügigkeit gegenüber anderen umgesetzt werden«, und sie folgert, dass damit ihre Bedeutung und Gültigkeit fragwürdig wird. »Daher fehlt es im Leben eines Menschen, der ständig seine positiven, liebevollen Gefühle unterdrückt, vielfach an Liebe und positiver Unterstützung von anderen. So gesehen kann auch das Schlucken positiver Gefühle toxische Auswirkungen haben.«[204] Aber zwischen Runterschlucken und anderen die eigenen Gefühle aufdrängen besteht eine weite Bandbreite!

Üblicherweise merken zwar unbeteiligte Dritte oft früher als die eigentlich Betroffenen, wenn es zwischen zweien »funkt«. Aber nicht jede beobachtete Sympathie bedeutet schon ein geheimes Verhältnis. Und Ausdruck besteht nicht nur im verbalen oder körpersprachlichen Öffentlichmachen.

Ausdruck besteht primär im inneren Zulassen und Ausatmen; dazu ist die innere Wahrnehmung Voraussetzung. Worte braucht es da gar nicht mehr.

Salutogenese – Entstehung, Aufbau, Förderung von Gesundheit – beginnt nach meiner Definition immer mit Wahrnehmung. Da steckt das Wort »wahr« drinnen. Sich selbst einzugestehen, dass man gar nicht liebt, sondern nur dem eigenen Narzissmus frönt, eine Trophäe erobern und die GeschlechtsgenossInnen beeindrucken will, erfordert ein außergewöhnliches Maß an Wahrheitsliebe. Menschen, die sich diese Selbstprüfung auferlegen, pflegen dann auch einige Jahre zu prüfen, ob es sich bei ihrer Herzensglut um Strohfeuer oder ein »ewiges Licht« handelt.

»Frauen, die in ihrem Leben einmal wirklich geliebt haben, werden das nachfühlen können; denn sie haben ihre Seele in die des geliebten Mannes übergehen gefühlt; sie haben sein Leben gelebt, sei es nun edel oder gemein, glücklich oder elend, verborgen oder ruhmreich gewesen; über alle Entfernungen hinweg haben sie Schmerzen am Bein gefühlt, wenn

er sich verletzt hatte; sie haben aus sich selber empfunden, dass er sich im Zweikampf schlug, und sie haben endlich, um all das in einem Wort zu sagen, eine Untreue nicht erst erfahren müssen, um sie zu wissen«, beschreibt Honoré de Balzac den Zustand, wenn einer ganz im anderen aufgeht.[205]
Wer dies noch nicht erfahren hat, wird solch einer Wahrnehmungsform misstrauen, wird sie möglicherweise pejorativ für masochistisch halten oder gar als Hörigkeit abwerten. So schreibt etwa Alberto Eiguer, »Der feminine Masochismus zeichnet sich bei Frauen wie bei Männern dadurch aus, dass die Quelle der Lust in der Verinnerlichung besteht, in der psychischen Durchdringung mit der Botschaft eines anderen, dem wir Gelegenheit geben, unseren Geist zu befruchten und die Botschaft in uns zu bewahren – ein Vorgang, der starke Erregung, wenn nicht gar Verwirrung auslösen kann.« Und er setzt diese »Einverleibung« als »genitale Metapher« komplementär zu einer »Verdauungsmetapher«, als »Bild des Stoffwechsels bei der Aktivität höherer Denkfunktionen« und baut sodann einen Bogen zu einer den Frauen zugeschriebenen Furcht vor dem Verlassenwerden.[206]
Es liegt am Ort dieser »Einverleibung«, ob es sich um Fantasien, Sehnsüchte, Wünsche, Hoffnungen im Kopf, um Unterleibssensationen oder offene Warmherzigkeit handelt, um mit den Worten von Sigmund Freud dorthin zu gelangen, wo aus Es – und ich ergänze: aus Über-Ich – Ich werden kann. Ein Ich, das entscheidet, zu seiner Liebe zu stehen, auch wenn sie nicht verstanden, erwidert oder wertgeschätzt wird.

Überleben im Kakteenhain

Aus derselben Blüte zieht die Biene ihren Honig
und die Wespe ihr Gift.
Italienisches Sprichwort

»Ich bin ein Kakteentöter«, gestand mir Franz, der bereits zitierte von meinen liebsten Kollegen, durchaus vergnügt, als ich ihm erzählte, dass ich über Kaktusmenschen schreibe; den Begriff hatte er schon oft von mir gehört. »Bei mir erleben sie tropische Regenfälle, Dürreperioden, Platzregen – und wer das überlebt, darf bei mir wohnen. Der Rest stirbt und landet im Kompost.«

Das »Kleine-Prinz-Syndrom« liegt Franz fern. Er fühlt sich für keinerlei Blumen verantwortlich. Möglicherweise wurzelt dies auch darin, dass sein Lebensgefährte ein Gärtner ist.

In Antoine de Saint-Exupérys gleichnamigen Kultbuch fühlt sich der »Kleine Prinz« für seine Blume verantwortlich: »Du weißt … meine Blume … ich bin für sie verantwortlich! Und sie ist so schwach! Und sie ist so kindlich! Sie hat vier Dornen, die nicht taugen, sie gegen die Welt zu schützen …«[207]

Und wenn sie weiterhin beschützt wird, wird sie wohl auch keine zusätzlichen Stacheln oder gar eine ganz andere Selbstschutzmethode entwickeln. Noch mehr aber kann sich die schützende Person davon ablenken, ihre eigene Schutzbedürftigkeit wahrzunehmen.

Sich für jemand verantwortlich fühlen birgt die Gefahr in sich, den anderen zu »infantilisieren« – klein zu machen und klein zu halten, eine Form, sich Konflikte »auf gleicher Augenhöhe« zu ersparen.

Konflikte sind aber ein Zeichen von Lebendigkeit: Alles was lebt, vibriert, bewegt sich: einatmen – ausatmen, anspannen – entspannen, wachen – schlafen … Auch im EKG zeigen die Wellenformen Leben an, die Nulllinie hingegen den Tod. In einer lebendigen Beziehung muss es daher auch Wellen geben. Der oft zur Beruhigung gesprochene Satz »Nur keine Wellen!« heißt also im Klartext: »Sei tot!«

Nun kennen aber viele Leute keinen anderen Weg der Konfliktaustragung als den Kampf; sie sammeln ihre Kräfte (Energien), spannen sich an, verengen sich und machen sich so zur Waffe: Sie lassen es dann auch nicht mehr beim Sticheln bewenden, sondern überfahren andere, schießen los oder stechen ab. Gleiches mit Gleichem zu vergelten ist klarerweise auch eine Begegnungs-Methode – eine quasi homöopathische: »Stichst du mich, stech ich dich!« Sie ist nur weder Gesundheit fördernd – weder die eigene noch die der anderen – noch entwickelt man sich positiv weiter; man lernt nichts dazu.

Schiefe Beziehungen begradigen

Die dämonische Macht der Konkurrenz
wirkt so, dass sie das Ego derart isoliert,
dass es sich nur über den Kampf
mit einem anderen Ego definieren kann.
M. Fox[208]

Die meisten Menschen kennen nur das Kampfmodell, werden ja bereits im Turnunterricht darauf hin trainiert. Leibeserziehung heißt das dann – wie wenn man mit dem Körper nichts anderes tun könnte als kämpfen (Wettkämpfe und den Kampf der Geschlechter mitgemeint – und letzterer artet ja auch vielfach zu einem Kräftemessen aus).

Wenn wir hingegen in unseren Körper hineinspüren, können wir, wenn wir uns nicht selbst belügen, wahrnehmen, ob wir in Balance sind – oder ob wir ins Kindheits-Ich abgerutscht sind, halbstark rebellieren oder gar mit der Verhaltensweise des »pig parent« versuchen, andere runterzumachen. Sich vor Stacheln schützen zu wollen erfordert genaues Maßnehmen, bis wohin die Dornen reichen. Das gehört auch zum Maßhalten.

Eigentlich ist es ja hilfreich, wenn Kaktusmenschen signalisieren, dass sie mehr Distanz möchten – nur auf die Form kommt es eben auch an. Ich formuliere bei solchen Gelegenheiten: »Inhalt OK – Form verbesserungsbedürftig!«

Von Virginia Satir, einer der Gründungseltern der Systemischen Familientherapie, stammt eine Einteilung in destruktive Kommunikationsmethoden, die zwar »normal«, weil weit verbreitet, aber nicht normal im Sinne psychischer Gesundheit sind; tatsächlich bombardieren die Akteure andere mit stechender Energie, saugen ihnen Energie ab oder verleugnen, was tatsächlich abläuft. Die so Verletzten verstehen dann nicht, was denn der Auslöser dieser Manipulationen gewesen sein könnte; viele reagieren dann genauso und laufen damit Gefahr, sich an Kaktusmethoden anzupassen oder anzugleichen.

Satir schreibt: »In jedem Fall fühlt der Mensch die Bedrohung und reagiert auf sie; aber weil er ›Schwäche‹ nicht offen zeigen möchte, versucht er, sie auf folgende Weise zu verbergen:

1. durch Beschwichtigen (placate), so dass die andere Person nicht ärgerlich wird;

2. durch Anklagen (blame), so dass die andere Person ihn als stark ansieht (wenn sie weggeht, ist es ihre Schuld, nicht seine);
3. durch Rationalisieren (compute), woraus sich ergibt, dass er die Bedrohung als ganz harmlos ansieht. Er versucht, seinen Selbstwert durch den Gebrauch großer Worte zu festigen;
4. durch Ablenken (distract) ignoriert er die Bedrohung und verhält sich, als sei sie gar nicht da (vielleicht verschwindet sie wirklich, wenn er das lange genug macht).«
5. Will man auf diese dysfunktionalen Kommunikationsformen verzichten, bietet sich das direkte An- und Aussprechen und auch Erklären von Ängsten und Wünschen, Befürchtungen und Sehnsüchten an. Für die so genannten Werwölfe (»Ankläger«) heißt das Verzicht aufs Beißen, für die Vampire (»Beschwichtiger«) Verzicht aufs Jammern.

Und Satir weiß auch: »Unser Körper passt sich unserem Selbstwertgefühl an, ob wir das erkennen oder nicht.«[209] Ich erinnere in meiner Arbeit ebenso immer wieder daran: Wir verkörpern immer unser Denken, Fühlen, Ahnen: Jeder Gedanke ist ein chemisch-elektrischer Vorgang, der sich über Nervenbahnen im ganzen Körper verteilt und zu oft nur winzigen Muskelbewegungen z. B. im Gesicht führt (abgesehen von den Reaktionen in den inneren Organen). Aber nur wenn wir miteinander reden, können wir unsere Vor-Urteile überprüfen und gegebenenfalls korrigieren.
So erlebte ich einen Mann, der mir sehr wichtig war, mir gegenüber als herablassend und führte dies darauf zurück, dass er mit seinen ca. 173 cm »hochnäsig« auf mich mit meinen 163 cm herabsah. Später kam ich darauf, dass dies davon abhing, wie nah ich ihm gegenüber stand: Er trug nämlich

altersgemäß eine zweigeteilte Brille und musste bei geringem Abstand den Kopf so halten, dass er durch den Teil blicken konnte, der seine Weitsichtigkeit korrigierte. Aber das erkannte ich erst, als ich selbst diese Brillenerfahrung machte. Von oben herab oder von unten hinauf zu kommunizieren schafft logischerweise größere Distanz, als wenn man symmetrisch Abstand schaffen will, ist aber auch anstrengender. Will man aber »schiefe« Beziehungen begradigen, hilft es meist nichts, dem »Transaktionisten« (Wortschöpfung von mir) zu erklären, was er oder sie gerade anrichtet – aus ihrer Sicht sind ja immer die anderen die Schuldigen, so wie es in einem chinesischen Sprichwort heißt: »Für den Fluss sind es die Brücken, die fließen.«

Was aber immer hilft, ist die konsequente Vermeidung der psychosozialen Ansteckung durch Erweiterung des eigenen Reaktionsrepertoires. Dazu gehört

- das Erkennen des Kampfangebots (auch wenn es sich um eine eigene Projektion handelt, d.h. wenn man etwas so deutet, was womöglich etwas ganz anderes beinhaltet),
- das geistige Umschreiben des sich spontan aufdrängenden »Drehbuchs«, vermutlich eines Action-Filmes, durch das Script eines anderen Genres, z.B. einer Komödie oder eines Liebesfilms (und das gehört beizeiten vorbereitet)
- und das Einüben der dazu passenden Verhaltensformen, insbesondere der Sprache, damit diese Selbstprogrammierung dann automatisch abläuft, wenn wieder solch eine Auslösesituation auftritt.

Diese drei Schritte entsprechen wiederum dem von mir so genannten »Prinzip« der Salutogenese: Wahrnehmen – Alternativen finden bzw. erfinden – die Verantwortung für die aus den Alternativen getroffene Wahl übernehmen.

Ähnliches rät die Suchtprophylaktikerin Ursula Lambrou den Angehörigen von Alkoholkranken: die Streitsucht als Symptom der Krankheit zu erkennen, daher nicht mit Selbstverteidigung oder Gegenangriff zu reagieren, sondern sich um Deeskalation der augenblicklichen Situation zu bemühen, indem man mit Respekt auf den Sachinhalt der Beschimpfungen eingeht und Entschleunigung, d. h. Verlangsamung der Rhythmik versucht.[210]
Die große Gefahr besteht immer darin, auf den Beziehungsaspekt der Botschaften zu reagieren, sich also in ein Machtspiel zu verstricken, in dem einer den anderen zu dominieren versucht. Dabei kommt es wiederum stark auf den Tonfall und die Mimik an, ob der Gewaltverzicht erkennbar wird.

Spielen statt kämpfen

Die Kreativität ist dem Mitgefühl verwandt,
weil es in beiden Prozessen um das Herstellen
von Verbindung geht.
Deshalb gibt es kein Mitgefühl ohne Kreativität.
M. Fox[211]

Als ich einmal zwecks Interviews zur internen Vorführung eines Filmes eingeladen wurde, bat ich meinen jüngeren Sohn Robin, mich zu begleiten. Im Studio wartete der Sänger Tony Wegas, der auch interviewt werden sollte. Er war fast identisch gekleidet wie mein Sohn, was nichts Besonders bedeutete – fast alle jungen Männer waren damals ähnlich »gestylt«; Wegas begrüßte ihn mit den Worten: »Du machst ja meine Kleidung nach!«; mein Sohn lächelte ihn freundlich

an und antwortete sanft: »Du irrst – du machst meine Kleidung nach …«
Das »entwaffnende« Lächeln setzt voraus, dass man weiß, dass nicht alles, was wie ein Fehdehandschuh aussieht, auch einer ist – meist ist es nur eine sprachliche, d. h. auch gedankliche Ungeschicklichkeit, um nicht zu sagen Unschicklichkeit; es setzt aber doch voraus, dass man stets darauf achtet, ein heiteres Gemüt zu bewahren. Mein Sohn hätte auch antworten können: »Genau!« und hinzufügen: »Ich kenne dich zwar nicht« – was gestimmt hätte – »aber wenn du es sagst, wird es wohl stimmen. Ich nehme nicht an, das du etwas Unwahres sagen würdest …« Denn: so berühmt war Tony Wegas nie, dass er als Stilikone imitiert worden wäre. Aber wahrscheinlich wäre er gerne eine gewesen …
»Humor ist der Knopf, der verhindert, dass uns der Kragen platzt.« Diesen Satz von Joachim Ringelnatz zitiert der Humortherapeut Andreas Kienzl als Rezept gegen den Alltagsfrust.[212] Der Kragen platzt dann, wenn wir uns aufblähen, und das geschieht meist dann, wenn Aggressionsenergie hochsteigt. Dann stellt sich die Frage: Haben wir nur eine einzige Methode, diese auszudrücken? Oder können wir sie beispielsweise auch wieder absinken lassen (wie die Tourenzahl beim Autofahren – wenn wir vom Gas weggehen)? Oder wissen wir gar, wie man Aggression in Kraft verwandelt? Das alles ist vom Atemrhythmus abhängig – man muss nur auf ihn achten und ein bisschen experimentieren – dann erspart man sich sogar teure Atemtrainingsseminare.
Lachen ist eine besondere Form von Atmen; man »macht sich Luft«, aber nicht, indem man seinen Ärger rauslässt, sondern indem man auf eine alternative Weise »Dampf ablässt«. Das hat reinigende Wirkung. Aber auch Seufzen oder Gähnen sind Reinigungstechniken, die wir viel zu selten ein-

setzen, um unsere Seele wieder in den Zustand der Offenheit, der Aufnahmefähigkeit zu bringen. Und auch das Singen sei nicht vergessen. Es hat nachgewiesenermaßen Heilwirkung. Wichtig ist, dass man erkennt, dass wir nicht Sklaven unseres Körpers sind, sondern – hoffentlich – gute Kameraden und vielleicht sogar Spielgefährten.

»Der Spielbegriff umgreift eine Reihe verschiedener Tätigkeiten, die durch vage Familienähnlichkeiten verbunden sind, denn das Spiel ist keine spezifische Tätigkeit, sondern eine menschliche Dimension, so wie die Sexualität – die sich in platonischer Liebe sublimiert, im Sexualakt entfaltet, in der schüchternen Liebkosung zurückhält, in der sadomasochistischen Herausforderung entfesselt und sowohl die Gemeinsamkeit von zwei oder vielen Partnern als auch das einsame Vergnügen implizieren kann«, doziert Umberto Eco, im Zivilberuf Semiotikprofessor an der Universität Bologna.[213]

Spielen definiert sich aus meiner Sicht aus der genussvollen Freude am prosozialen kreativen Selbstausdruck: Dann ist die Grundstimmung heiter, frei von Gier, Zorn und Neid, auf andere Menschen als SpielpartnerInnen ausgerichtet. Transaktionsanalytisch bedeutet »spielen« (und ebenso »flirten«), dass zwei symmetrisch im Kindheits-Ich miteinander kommunizieren. Manchen Menschen ist aber spielen schon in der Kindheit so verboten oder so vermiest worden, dass sie sich später verächtlich vorkommen, wenn man ihnen zumutet, von ihrem hohen Ross herunterzusteigen. Dennoch sollte man meiner Ansicht nach diese Einladung ruhig aussprechen! Am Boden der Tatsachen läuft man weniger Gefahr abzustürzen …

In der Transaktionsanalyse wird zwischen »Spielen« im Sinne von »games« wie Federball oder Halma und »plays« im Sinne

von Machtspielen (»power plays«) unterschieden. Wenn man bei solch einem einseitig oktroyierten Machtspiel nicht mittun will, wird einem oft vorgeworfen, man sei ein Spielverderber. Dann empfiehlt es sich, mit einem freudigen »Ja!« zu antworten. Stimmt doch – oder? Also warum dann einen Rückzug antreten? Selbstbehauptung muss ja nicht verbissen praktiziert werden; den Mund zu einer weichen Lippenhaltung zu entspannen lässt auch die Arme lockerer werden, und die Hals-Nacken-Muskulatur zu entkrampfen hat daher mehrfach Gesundheit fördernden Nutzen.
Es gibt aber noch eine andere hilfreiche spielerische Reaktionsmöglichkeit: Sie stammt aus der psychoanalytischen Sozialtherapie nach Harald Picker[214] bzw. aus der von mir erfundenen PROvokativpädagogik[215] und nennt sich »regressive Kommunikation«. Sie erfordert nur, dass man aufhört, sich als überlegen allwissend aufzuführen; nicht nur entspricht es oft den Tatsachen, wenn man sich dumm zu stellen wagt – man lässt damit anderen, insbesondere Kaktusmenschen, die Möglichkeit, sich zu erklären. Denn: So wie jeder Videorecorder eine Bedienungsanleitung aufweist, erleichtert es den Umgang mit schwierigen Zeitgenossen immens, wenn sie gelegentlich eine für sich selbst kundtun. Ich kündige auch oft mit den launigen Worten »Jetzt kommt eine Bedienungsanleitung für Rotraud Perner« Informationen an, die es anderen leichter machen sollen, möglicherweise unverständliche Verhaltensweisen von mir leichter akzeptieren zu können (wie beispielsweise, dass ich, seitdem ich nicht mehr Politikerin bin, vermeide, die Hand geben zu müssen: Seitdem bin ich viel weniger krank als vorher. Autoritäre Personen pflegen nämlich meist mit einer Inszenierung von Beleidigtsein zu reagieren. Dabei gehört es zu den Grundübungen der Prävention von sexueller Ausbeutung von Kindern, diesen

ausdrücklich zu erlauben, das Handgeben zu verweigern, wenn sie es nicht von selbst wollen; »echte« – nicht nur unbedachte – GewalttäterInnen erkennt man daran, dass sie ein Nein nicht akzeptieren, sondern mit Einschüchterungsstrategien versuchen, ihren Willen, und sogar mit Gewalt, durchzusetzen).
Regressive Kommunikation liegt etwa dann vor, wenn eine Frau – wie es in einer von mir geleiteten Diskussionsrunde einmal geschah – einem Mann, der ihr »im Eifer des Gefechts« die Hand auf den Oberschenkel legte, die Hand sachte zurücklegte und dabei demonstrativ naiv fragte: »Hast' keinen eigenen Schenkel?«
Jetzt mag wohl der eine oder die andere einwenden, dass dies nicht jedenfalls verhindern könne, dass Kaktusmenschen weiter stechen. Aber darum geht es nicht – dieser Anspruch wäre auch schon wieder eine Form von Gewaltausübung: Der oder die andere soll tun, was wir wollen. Im Gegenteil: Es geht bloß darum, dass man der Verlockung des Gegenstichs widersteht! (Und das ist schwer genug!)

Salutogenese konkret

Jede Energie, die wir auf die Änderung
des anderen verwenden, wird abgezogen
von der Energie – der ohnehin viel zu geringen –,
die wir nötig haben, um uns selber zu ändern.
J.-E. Berendt[216]

Salutogenese – Förderung von Gesundheit – als Verhaltensprinzip bedeutet in meiner Interpretation

- die Realität wahrnehmen, d.h. weder die anderen noch sich selbst belügen,
- alternative Verhaltensweisen finden oder auch erfinden und
- bewusst die Verantwortung für die aus dem Kreis der Alternativen gewählte Verhaltensweise zu übernehmen und gegen Besserwisser zu verteidigen.[217]

Gerade in der Konfrontation mit Kaktusmenschen neigen viele dazu, Schuld bei sich zu suchen. Sie wehren damit die Erkenntnis ab, dass jemand eben nicht ungefährlich, liebevoll oder auch im Vollbesitz seiner seelischen und geistigen Kräfte ist. Erlernt wird diese Ausblendung von Realität bereits in der Kindheit: Dort wäre es für das abhängige Kind unerträglich, Selbstachtung und damit seelische Gesundheit schädigende Eltern als das wahrzunehmen, was sie sind, nämlich verletzend.
Üblicherweise gelingt diese Wahrnehmung erst bei Lehrkräften in der Schule. Das hat einerseits mit dem fortgeschrittenen Alter, andererseits mit der geringeren emotionalen Nähe zu tun. Leider gibt es unter Lehrkräften viele Kaktusmenschen. Ich höre von meinen StudentInnen der PROvokativpädagogik an der Donau Universität in Krems ebenso wie in Supervisionen und im Online-Coaching[218], wie sehr destruktive KollegInnen das »Betriebsklima« im Unterricht wie im Konferenzzimmer vergiften.
Um das Repertoire an alternativen Verhaltensweisen zu erweitern, muss zuerst ein »Lagerbestand« aufgenommen werden. Üblicherweise fällt den meisten Opfern nur ohnmächtiges Erdulden oder aggressiver Protest und Kampf ums Rechthaben ein. Das entspricht dem Stammhirnverhalten von Tieren: kämpfen, flüchten, totstellen. Auf menschlichem

Großhirnniveau entspricht dem stattdessen: verhandeln, sich distanzieren, abwarten.

Verhandeln hat bei Kaktusmenschen selten Erfolg – ihre Stacheln verhindern ja die Nähe, die notwendig wäre, um andere in ihrer Wahrheit zu erspüren; die üblichen Formen sich zu distanzieren hingegen entsprechen zwar auch deren Distanzbedürfnis, entkrampfen daher die jeweilige Konfrontation, lassen aber die eigenen Bedürfnissen nach Selbstbestimmung unbefriedigt und stärken daher weder die soziale noch die seelische Gesundheit. Hier braucht es Erweiterung.

Abwarten ist hilfreich – es liefert eine Nachdenk- wie auch Erholungspause und ersetzt das hilflose Totstellen durch eine bewusste Entscheidung und ist dadurch selbststärkend.

Zu diesem Abwarten zähle ich auch die Möglichkeit, »stechende« Energie auszuhalten. Am besten gelingt dies wieder durch vertiefte Atmung: Man nimmt damit kurzfristig diese Energie auf, lässt sie sich im Körper verteilen – das merkt man am vermehrten Energiefluss vor allem in den Armvenen und Oberschenkeln – und atmet das Quantum, das man nicht zur eigenen Stärkung nützen will, langsam wieder aus.

Wenn man also die Möglichkeiten der Distanzierung erweitern will, muss man zuerst die Aufmerksamkeit auf sich selbst lenken; die Frage an sich selbst lautet dann: Was denke, fühle, spüre, fantasiere ich? Und: Wie ist mein energetischer Zustand? Bin ich dabei, mich im Bemühen um den anderen zu »entleeren«? Oder versuche ich ihn oder sie »anzuzapfen«?

Oder hab ich etwas »aufgedrückt« bekommen, das ich nicht will? In diesem Fall empfiehlt sich die von mir so genannte »Exorzismus-Technik«: Man muss den Namen sagen, dann kann man den Teufel wegschicken (ohne Namensnennung fühlt er sich ja nicht angesprochen und gemeint). Angeregt

zu dieser Reaktionsform wurde ich durch den heimischen Bauleiter, der in den 1990er Jahren den Anbau unseres damaligen Seminarzentrums im Salzatal leitete. Als nämlich das Fundament des Anbaus gerade fertiggestellt war, begann die stachelige Nachbarin das abgefallene Laub auf den feuchten Beton hin zu kehren. Der Bauleiter ging daraufhin, kaum hatte er den Versuch gemerkt, auf sie zu und sagte frisch-fröhlich-steirisch: »Gell – Sie sind schon eine boshafte Frau?« Schwupp kehrte die Nachbarin das Laub schnell wieder zurück. Die »Enttarnung« hatte gewirkt.
Ähnliches berichtete ein Freund im Gespräch mit einem ihm vorher nicht bekannten Schulkollegen, den er auf einem Fest bei mir kennen gelernt hatte. Die beiden Männer tauschten Erfahrungen aus ihrer Zeit in einem von katholischen Priestern geführten Internat aus und kamen auf einen übergriffigen Pater zu sprechen. Darauf erzählte der eine, er sei deshalb nicht mehr Belästigungen ausgesetzt gewesen, weil er, als der Betreffende sich nächtens an sein Bett setzte und ihn zärtlich berührte, naiv gefragt hatte: »Sind Sie etwa ein Warmer?« worauf der Pater jede weitere Annäherung unterließ.[219]
Dieses An- und Aussprechen des subjektiv Wahrgenommenen in Frageform hilft auch gegen den so genannten Bystander-Effekt; darunter versteht man das tatenlose Zusehen von Unfall- oder Verbrechenszeugen am Tatort. Ich führe dies auf das Einüben von Publikumsverhalten durch zu viel Fernsehkonsum zurück; es müssten dort mehr Hilfsreaktionen vorgeführt werden, damit die entsprechenden Spielgelnervenzellen entwickelt werden können.
Alles, was wir »können«, besitzt eine Grundlage von Wahrnehmungs- und Handlungsneuronen. Wir lernen am Vorbild und durch Übung, und wir verstärken die Verhaltensweisen, von denen wir erfahrungsgemäß Lob erwarten. Daraus folgt,

dass auch mit Angst und Wut alternativ umgehen zu können der Einübung bedarf.

Zuerst muss man wieder diese Emotionen wahrnehmen. Dabei hilft es, sich diese Impulse als Freunde und Freundinnen vorzustellen: Dann warnt uns die Freundin Angst, und die Freundin Wut stellt uns die Kraft zur Verfügung, sich zu wehren.

In der Transaktionsanalyse gibt es eine kreative Technik mit dem Namen »Schurken-Schrumpfen«[220]: man hört dem störenden geistigen Kommentator gut zu, ob in seinem Sermon irgendeine nützliche Botschaft enthalten ist; in diesem Fall bedankt man sich höflich und kann sich so sogleich wieder entspannen. Im gegenteiligen Fall hingegen bedankt man sich zwar auch – der Kopfbewohner (die verinnerlichte Elterninstanz unserer frühen Kindheitsjahre) glaubt vielleicht, wir wären noch so klein und müssten belehrt bzw. gegängelt werden –, aber dann schickt man ihn freundlich auf Urlaub oder in Pension. Vor allem vermeidet man so, dass diese personalisierten Zwangsgedanken »das letzte Wort« behalten …

Der Hintergrund dieser geistigen Untermieter besteht in der Neigung, anderen das anzutun, was einem selbst angetan wurde. In der Psychoanalyse spricht man von »Wiederholungszwang«, wenn man unbewusst immer wieder die gleichen Situationen aufsucht oder herstellt, in denen man diese unerledigten Erlebnisse umändern könnte. Anderen die Worte an den Kopf zu schmeißen, die einem irgendeinmal ein Kaktusmensch »eingeimpft« hat, zählt dazu.

So sollte einmal eine Kollegin in der von mir geleiteten Ausbildung in Lebens- und Sozialberatung mit Spezialisierung auf Fragen der Sexualität Gewaltprävention und Gendersensibilität unterrichten; da sie 230 km entfernt daheim war und zu der Zeit an einer gesundheitlichen Beeinträchtigung litt, ließ sie sich von einer ebenfalls von mir ausgebildeten Kollegin chauffieren. Das wusste ich nicht im Vorhinein, aber dass beide ehemaligen Studentinnen von mir in meinem Haus übernachten durften, war selbstverständlich. Als ich am folgenden Morgen die »Chauffeuse« über einige Verstöße gegenüber meiner »Hausordnung« aufklären wollte, entgegnete diese mir schnippisch: »Dann darf man sich halt keine Gäste einladen!« Ich reagierte sofort, indem ich sie erinnerte, dass ich sie ja nicht eingeladen hatte – sie war quasi ein unfreiwilliger »Überraschungsgast«. Eine Kaktusfrau hätte in diesem Fall sofort mit mir zu streiten begonnen. Da die Kollegin aber dank meiner Ausbildung gewaltsensibel, d.h. ihre eigenen Worte reflektierend reagierte, antwortete sie mir nach kurzem Nachdenken: »Das war jetzt ein Satz, den meine Mutter immer gesagt hat, wenn ich sie als Gast bei mir daheim gebeten habe, auf meine ›Spielregeln‹ Rücksicht zu nehmen …«

Auch mir ist so etwas einmal passiert: In meiner gesprächspsychotherapeutischen Ausbildung antwortete einer meiner Lehrtherapeuten, als ich ihn darauf ansprach, dass ich den Eindruck hätte, er könne mich nicht leiden (was sich später als Tatsache mehrfach beweisen ließ), mit einem gedehnten: »… eine interessante Fantasie …«. (Er war damals gerade in Ausbildung zum Psychoanalytiker – ich hatte die Ausbildung schon längst abgeschlossen.) Genau dieser Satz rutschte mir Jahre später in einer Therapie heraus, als mich ein Klient ansprach, er fühle sich von mir nicht genügend respektiert. Gottlob fiel mir sofort dieses Nachahmungsgeschehen auf und ich konnte unmittelbar korrigieren, er möge mir doch mehr Information geben, woran er dies merke.

Zu den Automatismen, die verhindern, alternatives Verhalten zu suchen, gehört der destruktive Selbstbehauptungszwang, das letzte Wort zu haben. Besonders wenn wir uns attackiert fühlen, wollen wir uns verteidigen, das heißt: den Angriff abwehren. Die Folge ist dann meist, dass die andere Person verstärkt versucht, ihre Botschaft herüberzubringen, und so entstehen unnötige Energievergeudungen. Die meisten Selbstbehauptungsbücher[221] empfehlen dann mehr oder weniger stachelige Kampfworte, und dies führt im Endeffekt zu Sieg und Niederlage, Rache und Feindschaft. Außerdem wird dabei Energie vergeudet. Die kann man sparen.

Bei Barbara Berckhan findet sich die wunderbare Methode der »Zwei-Wort-Sätze« – sie nennt es »Der zwei-silbige Kommentar«, aber es dürfen ruhig mehr Silben sein! –, und die besteht einfach darin, nur mit »So so!«, »Ah ha!«, »Na nu?!«, »Potz-Blitz!«[222] oder aber »Na geh!«, »Nicht wirklich!«, vor allem aber auch »Da muss/will ich noch drüber nachdenken ...« (was besonders im Umgang mit Alkoholbelasteten hilft, deren Streitsucht zu entgehen!) zu antworten.

Salutogenese ist keine Einbahnstraße.

Es geht nicht nur darum, die eigene Gesundheit zu schützen bzw. aufzubauen, sondern auch darum, die der anderen und überhaupt eine Gesundheit fördernde Sozialatmosphäre mitzugestalten. Dazu braucht man Alternativen gegen die üblichen Stechduelle. Vor allem aber braucht man nicht nur einen neuen Sprachschatz – man braucht auch neue Gedankenformen!

Verzicht aufs Kriegen

Wir sollten uns daher eine grundsätzliche Achtsamkeit zu Eigen machen und auf entwürdigendes Verhalten verzichten.
J. Bauer[223]

Im militärischen Organisationsmodell gilt Nichtstun als Schwäche und Gefahr, denn denjenigen, die führen (sollen bzw. wollen), wird angeschafft, alle anderen unter Kontrolle zu halten. Da viele Menschen diese Form von Unterwerfung für die einzig mögliche halten, weil sie keine anderen Alternativen kennen gelernt haben bzw. diese logischerweise von den »Militaristen« verächtlich gemacht werden, bleiben sie in der Hoffnung, selbst einmal an die hierarchische Spitze zu gelangen und dann für jahrelanges Erdulden belohnt zu werden. Ein Irrglaube. Es ist immer irgendjemand über einem – und wenn es nur das Gewissen ist. Allerdings warnt Joachim Bauer: »Wer Menschen dazu bringen will, sich moralisch zu verhalten, darf ihnen wenig Gelegenheit geben, sich moralisch gut zu fühlen.«[224]

Man muss sich genau ansehen, an welchen Vorbildern und Mythen sich jemand orientiert – und das gilt auch für einen selbst. Ich frage beispielsweise die gewalttätigen Männer, mit denen ich therapeutisch arbeite, und das sind zumeist solche, die wegen sexueller Misshandlungen unter die Räder der Justiz geraten sind, immer: »Was für ein Mann wollen Sie sein?« Diese Frage sollten wir uns alle stellen, jung und alt, Frauen wie Männer, In- wie Ausländer: Wollen wir korrekt sein? Vertrags- und gesetzestreu? Friedfertig? Wohltuend? Liebenswert?

Oder wollen wir sozial unerwünschtes Verhalten an den Tag legen?

Es geht nicht darum, sich alles gefallen zu lassen, es geht darum, auf fremd- und letztlich selbstschädigendes Verhalten zu verzichten. Während vor dem 20. Jahrhundert der großen Masse der Bevölkerung auferlegt wurde, sich in ihr angeblich unveränderliches Schicksal dreinzufügen, wird heute Widerstand als Bürgertugend propagiert: Unbedacht helfen beide Vorgaben im Endeffekt, Menschen auseinanderzudividieren: für Kaktusmenschen sind diese gefährliche Rebellen, die man bekämpfen muss, jene unerhebliche Sklaven, die man ignorieren kann.

Die eigene Kampfeslust ganz loszulassen ist schwer und außerdem nicht sinnvoll. Man muss damit rechnen, dass man sie irgendwann doch braucht. Die Frage ist nur: Wofür will man kämpfen? Dafür, dass man etwas »kriegt«? Da genügt es doch, darum zu bitten, und im Falle einer Ablehnung ausdrücklich zu sagen: »Das respektiere ich!«, dann ist es nämlich eine bewusste Entscheidung, keine ohnmächtige Unterwerfung, und man behält seine Energie bei sich.

»Kriegen« besitzt Doppelsinn. Solange man etwas begehrt, »kriegen« im Sinne von »haben« will, baut man Kampfenergie in sich auf; wenn man darum bettelt, versucht man dieses Begehr dadurch zu erzwingen, dass man dem anderen Schutzenergie abzieht, man ist also immer noch im Kampf, allerdings in einem sanft getarnten. Die Lösung des Dilemmas besteht darin, den eigenen Gefühlsausdruck zu kontrollieren: nichts zu »begehren«, sondern die Gegensätze Wunsch und Verzicht auf den Wunsch in Balance zu bringen; wenn man dann nur die Information gibt, was man sich wünschen würde, ist die potenzielle Kampfenergie neutralisiert.

Schwieriger ist der umgekehrte Fall, wenn man etwas nicht

will. Dann muss man die Kampfenergie des In-die-Flucht-Schlagens mit Respekt und Wertschätzung balancieren.
In beiden Fällen besteht die Gefahr des Abhängig-Werdens: Man will, dass sich die andere Person in einer bestimmten Weise verhält, und weil man kein Modell kennt, wie man ihm oder ihr das in respektvoller Weise sagen kann, verbeißt man sich diese Art von Offenherzigkeit. Wenn man nicht offen ist, kann nichts Angstmachendes eindringen – glaubt man. Dennoch steckt hinter solch meist unbewussten Fantasien die Sehnsucht, von jemand anderem erfüllt zu werden. Die Lernaufgabe heißt dann, zu lernen, sich aus sich selbst heraus Erfüllung zu verschaffen.

Umgang mit Energie

Vertrauen ist eine Art der Vergebung,
eine Art bedingungsloses Tun,
eine Bereitschaft zur Entleerung, die auf der Hoffnung,
auf Hilfe und Unterstützung basiert.
M. Fox[225]

Wenn man all seine Sinne nutzt, also nicht nur schaut oder hört, sondern vor allem spürt und fühlt, kann man sich angewöhnen, wahrzunehmen, welche Formen von Energie wir aufeinander loslassen. Wenn man dabei berücksichtigt, welche Intensität wir aufbauen, damit unsere Wünsche erfüllt werden, kann man bald merken, wie schnell dabei Kampfenergie produziert und eingesetzt wird. Diese gilt es zu drosseln – und das kann man nur bei sich selbst. (Denn: Was und wie andere kommunizieren, liegt außerhalb unserer Macht!)

Dabei wird heute gerne die so genannte Gewaltfreie Kommunikation (»GfK«)[226] empfohlen, eine Zusammenstellung von Sprachformen aus der Gesprächspsychotherapie. Sie wird vor allem von MediatorInnen praktiziert, wenn sie versuchen, ihre Klientel von verletzenden Streitgesprächen weg zu eindeutiger, klarer und respektvoller Kommunikation zu führen. Mediation wird derzeit nach Regeln strukturiert betrieben und: man braucht dazu Zeit. Ich spreche lieber von gewaltverzichtender Kommunikation und ziele dabei auf die Kontrolle der Energie, die mit dem Atem, der die Worte und Sätze hörbar macht, mitgesendet wird – vom anderen wie auch von einem selbst. Denn was nützt eine »einfühlsam« formulierte Botschaft, wenn Ablehnung, Abwertung oder Hass dann doch im Timbre der Stimme erkennbar wird? Und wenn man sich davon anstecken lässt, weil man eben voll auf die andere Person konzentriert ist und daher die Spiegelneuronen aktiviert werden?

»Alles, was man sieht, hört und aufnimmt, kann stärkend oder schwächend wirken«[227], erinnert Rita Pohle, und je mehr man etwas mit Energie versorgt, desto mehr wächst es auch. Daher sollte man sich darin üben, schwächenden Gedanken und Gefühlen Energie zu entziehen. So wie bei Kakteen. Bitte nicht gießen!

Aber wie bekommt man Gedanken los, die einen wie Wespen umschwirren? Will man sie aggressiv verjagen, gehen sie nur zum Gegenangriff über, und das kann letal enden. Besser ist Ablenkung – beispielsweise durch einen Anziehungsort (eine Wespenfalle). Oder man lässt anderes Getier die Vertreibungsarbeit machen … Ich benutze dafür die Metapher vom Videorecorder, in den man einfach eine andere – salutogenere – Kassette einlegt. Immer dann, wenn es nötig ist. Immer wieder. Und nicht nur einlegt, sondern auch abspielt – also

mit dem geistigen Auge und Ohr die neue Darbietung verfolgt (sonst prägt man sich nur das Kassetteneinlegen ein – es geht aber um den Ersatz der beeinflussenden Inhalte!).
Das entspricht auf geistiger Ebene der verbalen Methode »Schallplatte mit Sprung« (»the broken record«), eine Selbstbehauptungstechnik zur Verteidigung gegen Penetranz – wenn nämlich jemand seinen Willen gegen Widerstand durchsetzen will; dann pflegen solche StichlerInnen zu »löchern«: »Ich brauch das aber unbedingt …« und »Kannst du nicht doch …« und »Wenn ich dir aber als Gegengeschäft anbiete …« bis zu »Dann ist unsere Freundschaft am Ende!«. Hier hilft es, freundlich immer nur den einen Satz zu wiederholen: »Wie ich dir schon gesagt habe, passt das nicht in meinen Zeitplan«, »… habe ich schon anders disponiert«, »… habe ich bereits eine andere Entscheidung getroffen …« Dabei bleibt man im eigenen Revier und verstärkt nur seine Grenze und hält die eigene Energie im Gleichgewicht.
Salutogen ist, immer wahrzunehmen, wo man ins Ungleichgewicht gerät oder geraten ist – nicht nur körperlich, sondern vor allem seelisch und auch geistig – und dann für Ausgleich zu sorgen. »In der Natur läuft alles in Zyklen des Kommens und Gehens ab«, erinnert Rita Pohle. »Dem Tag folgt die Nacht, der Ebbe die Flut, dem Winter der Frühling. Es gibt in der Natur keine Stagnation, alles ist im Fluss, und alles wandelt sich. Sich gegen diese Wandlung zu stellen hieße, gegen den Fluss des Lebens zu schwimmen.«[228] Warum also in der eigenen Seele auf Dauer Winter einziehen lassen, wo man doch auch Frühling oder Sommer wirken lassen könnte? Und wenn schon Winterstimmung stattfindet, dann bitte immer in Hinblick auf die Zukunft: Der nächste Frühling kommt bestimmt, und mit Sonne im Herzen kann man ihn beschleunigen!

Heilkraft Licht und Liebe

Ich habe mich nach Kräften bemüht, des Menschen Tun weder zu belachen, noch zu beweinen, sondern es zu begreifen.
Baruch de Spinoza[229]

Nach der Theorie der langen Wellen von wirtschaftlichen Umbrüchen, den sogenannten Kondratieff-Zyklen, befinden wir uns weltweit derzeit nach dem »fünften Kondratieff«, der das Informationszeitalter mit seiner Nachrichtentechnologie kreierte, am Beginn des »sechsten Kondratieff«; es wird erwartet, dass dieser auf Gesundheit[230] zielen wird und dass seine wesentliche Errungenschaft optische und solare Energien[231], also Lichtenergie sein wird, Laserstrahlen beispielsweise; ich zähle auch den Atomblitz dazu.
Licht und Wärme sind Energieformen; aber es gibt sie nicht nur so, wie wir das im Physikunterricht lernen – es gibt sie auch als Bioenergie, die wir mir unseren Gedanken – chemisch-elektrischen Prozessen – erzeugen. Allein, zu zweit, in Gruppen. Wir erzeugen sie mit unseren Gedanken, daher mit unseren Neurotransmitterausschüttungen, darauf folgend mit unserer Atmung, mit unserer Sprache, Mimik, Gestik …
Kakteen können verletzen, wenn man sie unvorsichtig »angreift«. Wer sich mit Feng Shui[232] beschäftigt hat, weiß aber auch, dass sie die Atmosphäre von »Gift« reinigen können – sie ziehen es quasi an und verarbeiten es für sich selbst nutzbringend, halt indem sie sich Dornen wachsen lassen.
Es sind also eigentlich gar nicht die Kaktusmenschen, die die zwischenmenschliche Atmosphäre zu vergiften drohen – sondern es sind diejenigen, die meinen, sich an sie wie an Kuscheltiere anschmiegen zu können und mit aggressiver

Enttäuschung reagieren, wenn diese Erwartung »weggestachelt« wird.
Salutogenese beginnt immer mit Wahrnehmung: Die fremde wie die eigene Energie zu spüren und zu entschlüsseln, kann man lernen. Sich selbst in eine salutogene Energieform zu bringen, auch. Man braucht dazu nur eine Erinnerung, wie sich so ein Zustand angefühlt hat – oder eine Vision, wie er sich anfühlen könnte. Dabei sind zur Unterstützung Symbole hilfreich.
Früher gaben liebende Frauen denjenigen, die sie liebten, Haarlocken als Talisman gegen die Angst mit, wenn diese in die Fremde zogen. Auch Rita Pohle empfiehlt, sich mit Symbolen zu umgeben, die für eine gewisse Energie oder ein bestimmtes Wissen stehen: »In ihnen ist sozusagen systemimmanent eine Kraft gespeichert, die nach außen wirkt. Alle Dinge, die uns umgeben, habe ihre eigene Schwingung. Symbole können positiv wie negativ schwingen. Objekte oder Abbildungen, die Herzen zeigen, stehen für Liebe, Tatkraft und partnerschaftliches Glück. Spiralen verkörpern die unendlich aufbauenden Kräfte des Lebens.«[233] Sie warnt aber auch davor, Symbole, die in Kunst oder Bildern enthalten sind, zu übersehen, denn oft wird dadurch eine negative Wirkung entfaltet. Manche Menschen tragen religiöse Symbole als Schmuckstücke, ohne sie mit Sinn zu erfüllen. Damit schwächen sie ihre eigene Energie – aber auch die der anderen, mit denen sie die im Symbol wirkende Kraft teilen könnten.
Es liegt an uns, ob wir in einem Geist der Kleinmut leben wollen – oder in einem Geist des Vertrauens, der Hoffnung und der Liebe.

Literaturangaben

Allen Robert, Das letzte Wort behalten. Erfolgreich in jedem Streitgespräch. Falken TB, Niederhausen 1999

Antons Klaus, Helfen oder Lieben? Trennung und Scheidung in psychosozialen Berufen. Rowohlt, Reinbek 1987

Arnim-Ellissen Hubert, Zöglinge zum Fressen. Autoritätsmissbrauch durch sexuelle und physische Gewalt. Eine Dokumentation. Edition va bene, Klosterneuburg 2010

Aronson Elliot/Pines Ayala M./Kafry Ditsa, Ausgebrannt. Vom Überdruss zur Selbstentfaltung. Klett-Cotta, Stuttgart 1983

Asfa-Wossen Asserate, Manieren. Eichborn, Frankfurt/M. 2003

Babiak Paul/Hare Robert D., Menschenschinder oder Manager. Psychopathen bei der Arbeit. Hanser, München 2007

Bachmann Ingeborg, Werke 4 – Essay, Reden, Vermischte Schriften, Anhang. Serie Piper, München Zürich 1978/ 93

Badinter Elisabeth, Ich bin Du. Die neue Beziehung zwischen Mann und Frau oder Die androgyne Revolution. Piper, München 1987/91

Bauer Joachim, Schmerzgrenze. Vom Ursprung alltäglicher und globaler Gewalt. Karl Blessing Verlag, München 2011

Bauer Joachim, Warum ich fühle, was du fühlst. Intuitive Kommunikation und das Geheimnis der Spiegelneurone. Hoffmann und Campe, Hamburg 2005/06

Berckhan Barbara; Judo mit Worten. Wie Sie gelassen Kontra geben. Kösel, München 2008

Berendt Joachim-Ernst, Das Dritte Ohr. Vom Hören der Welt. Rowohlt TB, Reinbek 1988/89

Berne Eric, Spiele der Erwachsenen. Psychologie der menschlichen Beziehungen. Rowohlt TB, Reinbek 1970/76

Braiker Harriet, Giftige Beziehungen. Wenn andere uns krank machen. Fischer TB, Frankfurt/M. 2001/03

Carter-Scott Cherie, Negaholiker: Der Hang zum Negativen. Wege aus der Selbstblockade. Campus, Frankfurt/M. 1990

Cicero Antonia/Kuderna Julia, Clevere Antworten auf dumme Sprüche. Killerphrasen kunstvoll kontern. Power Talking in Aktion. Junfermann, Paderborn 2001

Cicero Antonia/Kuderna Julia, Die Kunst der »Kampfrhetorik«. Power Talking in Aktion. Junfermann, Paderborn 2000

Cocola Nancy Wassermann, Zu sechst im Bett. Wie Eltern und Schwiegereltern in jeder Ehe mitmischen. dtv, München 1999

Dopp Holger, So pflegt man Kakteen im Zimmer, Gewächshaus und Garten. Verlag Paul Parey, Berlin Hamburg 1990
Dryden Windy/Gordon Jack, Nadelstiche für die Seele. Sechs Methoden zur Selbstverteidigung gegen Kränkung und Zurückweisung. Oesch Verlag, Zürich 2002
Eco Umberto, Lüge und Ironie. Vier Lesarten zwischen Klassik und Comic. dtv, München 2002
Eiguer Alberto, Ganz gewöhnliche Scheusale und wie man sie erkennt. Kleine Galerie moralischer Perversionen. C. H. Beck, München 2002
Erni Margrit, Grenzen erfahren. Econ TB, Düsseldorf 1989
Evans Patricia, Worte, die wie Schläge sind. Verbaler Missbrauch in Beziehungen. Rowohlt TB, Reinbek 1995
Ferenczi Sándor, Sprachverwirrung zwischen dem Erwachsenen und dem Kind. Die Sprache der Zärtlichkeit und der Leidenschaft. In: Sándor Ferenczi, Schriften zur Psychoanalyse Band II. Fischer TB, Frankfurt/M. 1972/82
Fox Matthew, Mitfühlen, Mitdenken, Mitfreuen. Die neue Verantwortlichkeit des Menschen an der Schwelle zum 3. Jahrtausend. Scherz, Bern München Wien 1994
Fried Erich, Gründe. Gesammelte Gedichte. Verlag Klaus Wagenbach, Berlin 1989/91
Fuchs Anneliese, Mein Charakter ist nicht mein Schicksal. Grundmuster des Lebens für mich nützen. Böhlau, Wien Köln Weimar 2007
Girtler Roland, Bösewichte. Strategien der Niedertracht. Böhlau, Wien Köln Weimar 1999
Glass Lillian, Mit mir nie wieder! 10 Methoden mit Menschen umzugehen, die Ihnen das Leben schwer machen. Oesch Verlag, Zürich 1996
Gneist Joachim, Wenn Hass und Liebe sich umarmen. Das Borderline-Syndrom. Ein Psychodrama unserer Zeit. Piper, München Zürich 1995
Goethes Werke, Band 2, Büchergilde Gutenberg, Wien 1951
Goulding Mary, »Kopfbewohner« oder: Wer bestimmt dein Denken? Wie du die Feindschaft gegen dich selbst mit Spaß und Leichtigkeit in Freundschaft verwandelst. Junfermann, Paderborn 1993
Harbour Dorothy, Achtung, Energie-Vampire. Ein Praxisbuch für psychischen Selbstschutz. Integral, München 1999
Henley Nancy M., Körperstrategien. Geschlecht, Macht und nonverbale Kommunikation. Fischer TB, Frankfurt/M. 1988
Hirigoyen Marie-France, Die Masken der Niedertracht. Seelische Gewalt im Alltag und wie man sich dagegen wehren kann. dtv, München 2001
Hirigoyen Marie-France, Warum tust du mir das an? Gewalt in Partnerschaften. C. H. Beck, München 2006
Hirsch Matthias, Realer Inzest. Psychodynamik des sexuellen Missbrauchs in der Familie. Springer-Verlag, Berlin 1987/90

Holl Adolf, Wie gründe ich eine Religion. Residenz Verlag, St. Pölten Salzburg 2009
Hömberg Walter/Roloff Eckart Klaus (Hg.), Jahrbuch der Marginalistik I. LIT, Münster 2000
Jacobi Jolande, Die Psychologie von C. G. Jung. Eine Einführung in das Gesamtwerk. Fischer TB, Frankfurt/M. 1977/82
Jasmuheen, Der Lichtnahrungsprozess. Erfahrungsberichte. Heyne, München 2004
Jasmuheen, Sanfte Wege zur Lichtnahrung. Von Prana leben und weiterhin das Essen genießen. Koha, Burgrain 2004/09
Jung Carl Gustav, Psychologische Typologie. In: Jung C. G., Typologie. dtv, München 1990/ 93
Kienzl Andreas, Ein Esel, wer nicht lacht. Wie Sie die heitere Seite Ihres Lebens finden. Ueberreuter, Wien 2005
Kingston Karen, Feng Shui gegen das Gerümpel des Alltags, Rowohlt TB, Reinbek 2000
Kingston Karen, Heilige Orte schaffen mit Feng Shui. Ein Anleitungsbuch. Econ TB, München 2000
Küng Hans/Kuschel Karl-Josef, Erklärung zum Weltethos. Die Deklaration des Parlaments der Weltreligionen. Piper, München 1993/96
Lambrou Ursula, Helfen oder aufgeben? Ein Ratgeber für Angehörige von Alkoholikern. Rowohlt TB, Reinbek 1996
Laotse, Tao te king. Text und Kommentar. Eugen Diederichs Verlag, Düsseldorf 1978
Latour Bernd, Um keine Antwort verlegen. Wie man Wortgefechte gewinnt. Kreuz Verlag, Stuttgart 2000
Miller Alice, Am Anfang war Erziehung. Suhrkamp, Frankfurt/M. 1980/81
Miller Alice, Der gemiedene Schlüssel. Suhrkamp TB, Frankfurt/M. 1991/96
Moser Tilmann, Literaturkritik als Hexenjagd. Ulla Berkéwicz und ihr Roman »Engel sind schwarz und weiß«. Eine Streitschrift. Piper, München 1994
Nefiodow Leo A., Der sechste Kondratieff. Wege zur Produktivität und Vollbeschäftigung im Zeitalter der Information. Rhein-Sieg-Verlag, Sankt Augustin 1996/2001
Nolting Peter, Lernfall Aggression. Wie sie entsteht – wie sie zu vermindern ist. Rowohlt TB, Reinbek 1987/ 98
Norwood Robin, Wenn Frauen zu sehr lieben. Die heimliche Sucht gebraucht zu werden. Rowohlt, Reinbek 1986
Pease Allan u. Barbara, Warum Männer lügen und Frauen immer Schuhe kaufen. Ganz natürliche Erklärungen für eigentlich unerklärliche Beziehungen. Ullstein TB, Berlin 2004/06
Pennac Daniel, Schulkummer. Kiepenheuer & Witsch, Köln 2009/10
Perner Rotraud A., Darüber spricht man nicht – Tabus in der Familie. Das Schweigen durchbrechen. Kösel, München 2008

Perner Rotraud A., Die Hausapotheke für die Seele. Erste Hilfe von A(ngst) bis Z(orn). Deuticke, Wien 2005
Perner Rotraud A., Die Überwindung der Ich-Sucht. Sozialkompetenz und Salutogenese. Studienverlag, Innsbruck 2009
Perner Rotraud A., Die Wahrheit wird euch frei machen. Sexuelle Gewalt im kirchlichen Bereich … und anderswo. Prävention – Behandlung – Heilung. Gezeiten Verlag, Wien 2006
Perner Rotraud A., Hand Herz Hirn. Zur Salutogenese mentaler Gesundheit. aaptos, Matzen 2011
Perner Rotraud A., Heute schon geliebt? Sexualität & Salutogenese. aaptos, Matzen 2007/10
Perner Rotraud A., Königin! Über weibliche Kraft. Kösel, München 2009
Perner Rotraud A., Management macht impotent. Abschied vom Mythos Macher. Orell Füssli, Zürich 1997
Perner Rotraud A., PROvokativpädagogik – Das Konzept. Ein Skriptum. aaptos, Matzen 2010 (nur über aaptos@perner.info zu beziehen)
Perner Rotraud A., Sein wie Gott – Von der Macht der Heiler. Kösel, München 2002
Perner Rotraud A., Wort auf Rezept. Eine Einführung in Gesprächsmedizin – nicht nur für Gesundheitsberufe. aaptos, Matzen 2007
Picker Harald, Statt Leistungszwang Erlaubnis zum Gefühl. Schriften zur Psychoanalytischen Sozialtherapie, Wien 1985
Pierrakos John, Core Energetik. Synthesis Verlag, Essen 1987
Pilch Herbert, Listige Rede: Was man sagt und doch nicht sagt. In: Senger Harro von (Hg.), Die List. Suhrkamp, Frankfurt/M. 1999
Pilgrim Volker Elis, Der Vampirmann. Über Schlaf, Depression und die Weiblichkeit. Eine Forschungsnovelle. Claassen, Düsseldorf 1989
Pilgrim Volker Elis, Dressur zum Bösen. Warum wir uns selber und andere kaputt machen. Rowohlt TB, Reinbek 1986
Pohle Rita, Weg damit! Büro ohne Ballast. Entrümpeln Sie Ihren Arbeitsplatz. Mosaik bei Goldmann, München 2004
Redfield James, Die Prophezeiungen von Celestine. Ein Abenteuer. Wilhelm Heyne Verlag, München 1994
Reeder Jesse, Keine Chance für Energie-Vampire. Neueste Schutzmethoden gegen eine negative Umwelt. Integral, München 2002
Richtsfeld Astrid-Christina, Männer machen Frauen dick. Orac, Wien 2002
Riemann Fritz, Grundformen der Angst. Eine tiefenpsychologische Studie. Ernst Reinhardt Verlag, München 1984
Rogers Carl R./Rosenberg Rachel L., Die Person als Mittelpunkt der Wirklichkeit. Klett-Cotta, Stuttgart 1980
Rosenberg Marshall B., Gewaltfreie Kommunikation – Eine Sprache des Lebens. Gestalten Sie Ihr Leben, Ihre Beziehungen und Ihre Welt in Übereinstimmung mit Ihren Werten. Junfermann, Paderborn 2004
Saint-Exupéry Antoine de, Der Kleine Prinz. Arche, Zürich 1983

Satir Virginia, Selbstwert und Kommunikation. Familientherapie für Berater und zur Selbsthilfe. Pfeiffer, München 1975/85

Schatzmann Morton, Die Angst vor dem Vater. Langzeitwirkungen einer Erziehungsmethode/Eine Analyse am Fall Schreber. Rowohlt TB, Reinbek 1978/84

Schopenhauer Arthur, Parerga und Paraligomena. Kleine philosophische Schriften. Kapitel XXXI, § 413. Bibliographische Anstalt, Berlin 1847

Schüler Udo, Das automatische Schnellformulierungsvademekum. In: Hömberg Walter/Roloff Eckart Klaus (Hg.), Jahrbuch der Marginalistik I. LIT, Münster 2000

Schwartz-Salant Nathan, Die Borderline-Persönlichkeit. Vom Leben im Zwischenreich. Walter-Verlag, Olten 1991/93

Seemann Hans-Jürgen/Meier Rainer, Das Prinzip Bosheit. Die Alltäglichkeit der Schikane. Beltz, Weinheim und Basel 1988/ 89

Senger Harro von (Hg.), Die List. Suhrkamp, Frankfurt/M. 1999

Senske Frank, Wissen schafft Wüste. Über Irrtum und Obsession der Natur-Verwissenschaftlichung. Roland Asanger Verlag, Heidelberg 1995

Sennett Richard, Der flexible Mensch. Die Kultur des neuen Kapitalismus. Berlin Verlag, Berlin 1998

Sloterdijk Peter, Scheintod im Denken. Von Philosophie und Wissenschaft als Übung. edition unseld, Suhrkamp, Berlin 2010

Steger Hugo, List – ein kommunikativer Hochseilakt zwischen Natur und Kultur. In: Senger Harro von (Hg.), Die List. Suhrkamp, Frankfurt/M. 1999

Stein Herbert, Freud spirituell. Das Kreuz (mit) der Psychoanalyse. Königsfurt Verlag, Klein Königsförde 2001

Stern Jakob, Lichtstrahlen aus dem Talmud. Verlag Philipp Reclam jun., Leipzig o. A.

Stewart Ian/Joines Vann, Die Transaktionsanalyse. Herder, Freiburg Basel Wien 1990/93

Stout Martha, Der Soziopath von nebenan. Die Skrupellosen und ihre Lügen, Taktiken und Tricks. Springer Wien New York 2006

Sutton Robert I., Der Arschloch-Faktor. Vom geschickten Umgang mit Aufschneidern, Intriganten und Despoten im Unternehmen. Hanser, München 2007

Thau Martin, Intrigen. Heimtücke und Verschlagenheit im Alltag. Leitfaden der öffentlichen und privaten Hinterlist. Orbis Verlag, München 1994

Wirtz Ursula, Seelenmord. Inzest und Therapie. Kreuz Verlag, Zürich 1989

Anmerkungen

1 C. G. Jung, Psychologie und Religion, S. 8
2 M.-F. Hirigoyen, Die Masken der Niedertracht, S. 121
3 N. Schwartz-Salant, Die Borderline-Persönlichkeit, S. 75
4 http://de.wikipedia.org/wiki/Kakteengew%C3%A4chse, abgerufen am 23. 12. 2010
5 H. Dopp, So pflegt man Kakteen im Zimmer, Gewächshaus und Garten, S. 11
6 M.-F. Hirigoyen, s. o., S. 141
7 V. Satir, Selbstwert und Kommunikation, S. 90 ff.
8 Zitiert nach A. Holl, Wie gründe ich eine Religion, S. 30
9 H. Dopp. s. o., S. 16
10 A. Schopenhauer, Parerga und Paraligomena, Kapitel XXXI, § 413
11 Vgl. P. Nolting, Lernfall Aggression, S. 68 ff.
12 A. de Saint-Exupéry, Der kleine Prinz, S. 26
13 J. Stern, Lichtstrahlen aus dem Talmud, S. 27
14 N. Schwartz-Salant, Die Borderline-Persönlichkeit, S. 26
15 Zitiert nach M. Schatzmann, Die Angst vor dem Vater, S. 90
16 Diaballein bedeutet auf Altgriechisch u. a. auseinanderbringen, entzweien, verhasst machen, verleumden; der Diabolos ist folglich der Entzweier.
17 M. Fox, Mitfühlen, Mitdenken, Mitfreuen, S. 92
18 H. Arnim-Ellissen, Zöglinge zum Fressen, S. 147
19 M. Schatzmann, Die Angst vor dem Vater, S. 38
20 Zitiert nach U. Wirtz, Seelenmord, S. 20
21 U. Wirtz, s. o., S. 20
22 M. Erni, Grenzen erfahren, S. 40
23 M. Fox, s. o., S. 189
24 I. Bachmann, Werke 4, S. 275
25 Goethes Werke, Faust I, S. 661 ff.
26 J. Reeder, Keine Chance für Energie-Vampire, S. 40
27 http://www.heilkraeuter.de/lexikon/klette.htm, abgerufen am 20. 4. 2011
28 J. Reeder, s. o., S. 46
29 J. Reeder, s. o., S. 58
30 D. Harbour, Achtung, Energie-Vampire, S. 23 ff.
31 V. E. Pilgrim, Der Vampirmann, S. 9
32 V. E. Pilgrim, s. o., S. 68

33 S. Ferenczi, Sprachverwirrung zwischen dem Erwachsenen und dem Kind, S. 312
34 M. Hirsch, Realer Inzest, S. 56 ff.
35 C. Carter-Scott, Negaholiker, S. 9
36 C. Carter-Scott, s. o., S. 24
37 A. Eiguer, Ganz gewöhnliche Scheusale, S. 47
38 A.-W. Asserate, Manieren, S. 134
39 www.salutogenese.or.at
40 M.-F. Hirigoyen, Warum tust du mir das an?, S. 112
41 M.-F. Hirigoyen, s. o., S. 113
42 M.-F. Hirigoyen, s. o., S. 108
43 M.-F. Hirigoyen, s. o., S. 116
44 N. Schwartz-Salant, Die Borderline-Persönlichkeit, S. 85
45 J. Gneist, Wenn Hass und Liebe sich umarmen, S. 80
46 J. Gneist, s. o., S. 87
47 E. Aronson, A. M. Pines, D. Kafry, Ausgebrannt, S. 47
48 E. Aronson, A. M. Pines, D. Kafry, s. o., S. 29
49 M.-F. Hirigoyen, Warum tust du mir das an?, S. 27
50 J. R. Meloy, zitiert nach J. Bettermann/M. Feenders, Stalking, S. 10
51 R. A. Perner, Die Wahrheit wird euch frei machen, S. 97 ff.
52 A. Eiguer, s. o., S. 7
53 H.-J. Seemann/R. Meier, Das Prinzip Bosheit, S. 67
54 F. Hallenberger/A. Eckel, Sexuelle Belästigung am Telefon, S. 11
55 H.-J. Seemann/R. Meier, s. o., S. 153
56 M.-F. Hirigoyen, Die Masken der Niedertracht, S. 31
57 J. Redfield, Die Prophezeiungen von Celestine, S. 162 ff.
58 T. Moser, Literaturkritik als Hexenjagd, S. 42
59 M. Thau, Intrigen, S. 34
60 R. Girtler, Bösewichte, S. 14 ff.
61 L. Glass, Mit mir nie wieder! S. 32
62 M. Fox, Mitfühlen, Mitdenken, Mitfreuen, S. 186
63 Laotse, Tao te king, S. 124
64 H. Steger, List – ein kommunikativer Hochseilakt zwischen Natur und Kultur, S. 326 ff.
65 H. Steger, s. o., S. 339
66 http://de.wikipedia.org/wiki/Kakteengewaechse, abgerufen am 23.12.2010
67 http://de.wikipedia.org/wiki/Kakteengewaechse, abgerufen am 23.12.2010
68 J. Gneist, s. o., S. 108
69 http://de.wikipedia.org/wiki/Kakteengewaechse, abgerufen am 23.12.2010
70 A. Eiguer, s. o., S. 32
71 T. Moser, Literaturkritik als Hexenjagd, S. 42
72 T. Moser, s. o., S. 37
73 T. Moser, s. o., S. 38

74 T. Moser, s. o., S. 37
75 T. Moser, s. o., S. 40
76 A.-W. Asserate, s. o., S. 134
77 T. Moser, s. o., S. 40
78 R. Girtler, Bösewichte, S. 79
79 T. Moser, s. o., S. 40
80 T. Moser, s.o., S. 41
81 J. Stern, s. o., S. 29
82 Vgl. R. A. Perner, Die Überwindung der Ich-Sucht – Sozialkompetenz und Salutogenese
83 1973–1987
84 Mit großem Vergnügen fand ich dann in dem Büchlein »Jahrbuch der Marginalistik I«, herausgegeben von W. Hömberg u. E. K. Roloff »Das automatische Schnellformulierungssystem – Ein Evaluationsvademekum« von U. Schüler, in dem der Autor 3 × 10 Fremdworte zur Eindruck schindenden Kombination anbietet. So ergibt etwa die Kombination 2 + 5 + 7 »permanente Fluktuationspotenz« oder, von mir zusammengestellt: 6 + 9 + 2 »orientierte Interpretationsebene«. Genau solche Wortkombinationen haben wir damals in den frühen 1970er Jahren eingeübt.
85 M.-F. Hirigoyen, Die Masken der Niedertracht, S. 81
86 http://www.n24.de/news.newsitem_6387345.html
87 P. Sloterdijk, Scheintod im Denken, S. 65
88 P. Evans, Worte, die wie Schläge sind, S. 12
89 P. Evans, s. o., S. 125
90 P. Evans, s. o., S. 27
91 P. Evans, s. o., S. 119
92 P. Evans, s. o., S. 118 ff.
93 M.-F. Hirigoyen, Die Masken der Niedertracht, S. 16
94 M.-F. Hirigoyen, s. o., S. 11
95 M.-F. Hirigoyen, s. o., S. 13
96 A. Eiguer, s. o., S. 76 ff.
97 Vgl. R. Sennett, Der flexible Mensch
98 N. Schwartz-Salant, Die Borderline-Persönlichkeit, S. 51
99 Jasmuheen, Sanfte Wege zur Lichtnahrung, sowie: Der Lichtnahrungsprozess – Erfahrungsberichte.
100 Mt 4,4
101 1 Joh. 4, 8 b: »Wer nicht liebt, der kennt Gott nicht; denn Gott ist Liebe.«
102 Mt 18,20
103 Alberto Eiguer, Ganz normale Scheusale, S. 55
104 J. Gneist, Wenn Hass und Liebe sich umarmen, S. 222
105 J. Gneist, s. o., S. 223
106 F. Senske, Wissen schafft Wüste, S. 75
107 I. Stewart/V. Joines, Die Transaktionsanalyse, S. 116

108 H. Stein, Freud spirituell, S. 141
109 I. Stewart/V. Joines, s. o., S. 117
110 R. A. Perner, Ich will es wissen, S. 289
111 I. Stewart/V. Joines, s. o., S. 118
112 I. Stewart/V. Joines, s. o., S. 124 ff.
113 H. Braiker, Giftige Beziehungen, S. 98
114 A. Miller, Am Anfang war Erziehung, S. 44
115 A. Miller, s. o., S. 31
116 A. Miller, s. o., S. 100
117 A. Miller, s. o., S. 128
118 J. Bauer, Warum ich fühle, was du fühlst, S. 32
119 J. Bauer, s. o., S. 23 ff.
120 J. Bauer, s. o., S. 16 ff.
121 A.-W. Asserate, s. o., S. 113
122 K. Antons, Helfen oder Lieben? S. 77 ff.
123 J, Bauer, Schmerzgrenze, S. 29
124 J. Bauer, s. o., S. 37
125 J. Bauer, s. o., S. 40
126 J. Bauer, s. o., S. 105
127 Zitiert nach M. Fox, Mitfühlen, Mitdenken, Mitfreuen, s. 116
128 Vgl. R. A. Perner, Mut zum Unterricht. Und: R. A. Perner, Feindbild Lehrer?
129 D. Pennac, Schulkummer, S. 249
130 J. Bauer, s. o., S. 151
131 F. Riemann, Grundformen der Angst, S. 20 ff.
132 H. Küng/K.-J. Kuschel, Erklärung zum Weltethos, S. 38 ff.
133 S. Ferenczi, Sprachverwirrung zwischen den Erwachsenen und dem Kind, S. 308
134 J. Pierrakos, Core Energetik, S. 24
135 M. Thau, Intrigen, S. 135
136 N. Elias/J. L. Scotson, Etablierte und Außenseiter, S. 24
137 H. Arnim-Ellissen, Zöglinge zum Fressen, S. 53 ff.
138 H.-J. Seemann/R. Meier, Das Prinzip Bosheit, S. 31
139 J. Bauer, Schmerzgrenze, S. 49
140 C. R. Rogers/R. L. Rosenberg, Die Person als Mittelpunkt der Wirklichkeit, S. 125 ff.
141 N. M. Henley, Körperstrategien, S. 16 ff.
142 N. M. Henley, s. o., S. 51
143 N. M. Henley, s. o., S. 71 ff.
144 N. M. Henley, s. o., S. 55
145 H. Arnim-Ellissen, s. o., S. 140 ff.
146 Zitiert nach M. Fox, Mitfühlen, Mitdenken, Mitfreuen, S. 193
147 M. Erni, Grenzen erfahren, S. 26
148 R. Sutton, Der Arschloch-Faktor, S. 133
149 J. Bauer, Schmerzgrenze, S. 65

150 R. Sutton, s. o., S. 14 ff.
151 J. Bauer, s. o., S. 77
152 P. Babiak/R. D. Hare, Menschenschinder oder Manager, S. 163
153 R. Girtler, Bösewichte, S. 152
154 R. Girtler, s. o., S. 159
155 M. Thau, s. o., S. 103
156 A.-W. Asserate, s. o., S. 240
157 H.-J. Seemann/R. Meier, Das Prinzip Bosheit, s. o., S. 99
158 M. Erni, s. o., S. 37
159 M. Thau, s. o., S. 99
160 D. Pennac, Schulkummer, S. 34
161 R. Girtler, s. o., S. 155
162 D. Pennac, s. o., S. 224
163 Nach Abschluss des Manuskripts ist der Beamte nach 14-tägigem Todeskampf den schweren Verletzungen erlegen.
164 A.-W. Asserate, s.o., S. 364
165 J. Bauer, s. o., S. 175
166 M. Thau, s. o., S. 143
167 Vgl. R. A. Perner, Die Überwindung der Ich-Sucht
168 M. Thau, s. o., S. 136
169 A. Miller, Der gemiedene Schlüssel, S. 145
170 Aus dem Sozialarbeiterlied des Liedermachers (und Lehrers) Kurt Winterstein
171 J.-E. Berendt, Das Dritte Ohr, S. 128
172 A. Eiguer, Ganz gewöhnliche Scheusale, S. 72
173 H. Braiker, Giftige Beziehungen, S. 213
174 U. Eco, Lüge und Ironie, S. 39
175 A. Eiguer, s. o., S. 72
176 H. Braiker, s. o., S. 218
177 H.-J. Seemann/R. Meier, Das Prinzip Bosheit, S. 21
178 N. Schwartz-Salant, Die Borderline-Persönlichkeit, S. 122
179 J. Bauer, Schmerzgrenze, S. 72
180 H. Braiker, Giftige Beziehungen, S. 95
181 H.-J. Seemann/R. Meier, s.o., S. 45
182 V. E. Pilgrim, Dressur zum Bösen, S. 99
183 V. E. Pilgrim, Der Vampirmann, S. 100
184 A. u. B. Pease, Warum Männer lügen …, S. 92
185 M. Erni, Grenzen erfahren, S. 103
186 J. Jacobi, Die Psychologie von C. G. Jung, S. 20 ff.
187 J.-E. Berendt, s. o., S. 347
188 M.-F. Hirigoyen, Die Masken der Niedertracht, S. 151
189 E. Badinter, Ich bin Du, S. 237
190 Vgl. F. Riemann, Grundformen der Angst
191 A. Holl, Wie gründe ich eine Religion, S. 76
192 A. Holl, s. o., S. 77

193 A. Holl, s. o., S. 77
194 A. Eiguer, Ganz gewöhnliche Scheusale, S. 67
195 E. Fried, Gründe, S. 115
196 H. Arnim-Ellissen, Zöglinge zum Fressen, S. 82
197 A. u. B. Pease, Warum Männer lügen ..., S. 120
198 A. Holl, s. o., S. 44
199 Eric Berne, Spiele der Erwachsenen, S. 105 ff.
200 H.-J. Seemann/R. Meier, Das Prinzip Bosheit, S. 85
201 H.-J. Seemann/R. Meier, s. o., S. 111
202 A. Holl, s. o., S. 121
203 A. Eiguer, s. o., S. 60
204 H. Braiker, s. o., S. 98
205 Aus »Glanz und Elend der Kurtisanen«, zitiert nach A. Eiguer, s. o., S. 45
206 A. Eiguer, s. o., S. 68
207 A. de Saint-Exupéry, Der kleine Prinz, S. 89
208 M. Fox, Mitfühlen, Mitdenken, Mitfreuen, S. 92
209 V. Satir, Selbstwert und Kommunikation, S. 85 ff.
210 U. Lambrou, Helfen oder aufgeben?, S. 71 ff.
211 M. Fox, s. o., S. 161
212 A. Kienzl, Ein Esel, wer nicht lacht, S. 13
213 U. Eco, Lüge und Ironie, S. 119 ff.
214 Vgl. H. Picker, Statt Leistungszwang Erlaubnis zum Gefühl
215 Vgl. R. A. Perner, PROvokativpädagogik – Das Konzept
216 J.-E. Berendt, s. o., S. 247
217 R. A. Perner, Hand Herz Hirn, S. 24 ff.
218 www.lehrertankstelle-noe.com
219 R. A. Perner, Die Wahrheit wird euch frei machen, S. 73
220 M. Goulding, Kopfbewohner, S. 20 ff.
221 Z. B. A. Cicero/J. Kuderna, Clevere Antworten auf dumme Sprüche, und: Die Kunst der »Kampfrhetorik«, R. Allen, Das letzte Wort behalten, B. Latour, Wie man Wortgefechte gewinnt
222 B. Berckhan, Judo mit Worten, S. 51 ff.
223 J. Bauer, Schmerzgrenze, S. 194
224 J. Bauer, s. o., S. 184
225 M. Fox, s. o., S. 127
226 Vgl. M. B. Rosenberg, Gewaltfreie Kommunikation
227 R. Pohle, Weg damit!, S. 71
228 R. Pohle, s. o., S. 161
229 Zitiert nach R. Girtler, Bösewichte, S. 69
230 L. A. Nefiodow, Der sechste Kondratieff, S. 119 ff
231 L. A. Nefiodow, s. o., S. 116 ff.
232 Dazu empfehle ich die lesenswerten Bücher von Karen Kingston, s. Literaturangaben
233 R. Pohle, s. o., S. 99 ff.